GUIADA POR LA FE

GUIADA POR LA FE

Immaculée Ilibagiza

con Steve Erwin

Traducido por: Graciela Frisbie

Grupo Editorial Tomo, S.A. de C.V.,
Nicolás San Juan 1043,
03100, México, D.F.

1a. edición, julio 2012.

© *Led By Faith*
Por Immaculée Ilibagiza y Steve Erwin
Copyright © 2008 por Immaculée Ilibagiza
Publicación original en inglés por Hay House Inc. USA

© 2012, Grupo Editorial Tomo, S.A. de C.V.
Nicolás San Juan 1043, Col. Del Valle
03100 México, D.F.
Tels. 5575-6615, 5575-8701 y 5575-0186
Fax. 5575-6695
http://www.grupotomo.com.mx
ISBN-13: 978-607-415-395-8
Miembro de la Cámara Nacional
de la Industria Editorial No 2961

Traducción: Graciela Frisbie
Diseño de portada: Karla Silva
Formación tipográfica: Armando Hernández R.
Supervisor de producción: Leonardo Figueroa

Dedicado a Wayne Dyer...
Por tu bondad
y generosa amistad,
y por llevar mi historia
al mundo con amor

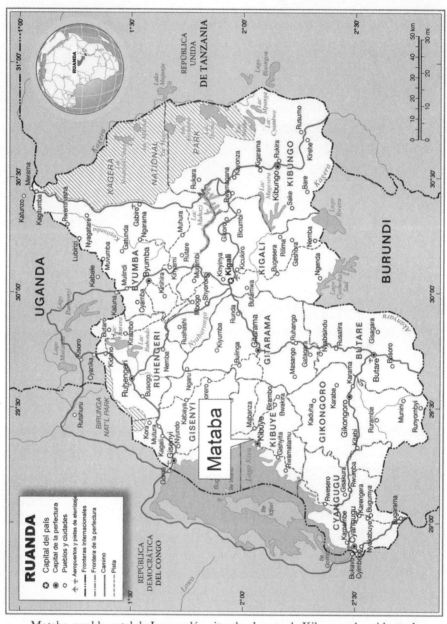

Mataba, pueblo natal de Immaculée, situado al norte de Kibuye y al occidente de
Mabanza, en la Ribera del Lago Kivu

Contenido

*Les aseguro que con sólo tener una fe
tan pequeña como un grano de mostaza,
podrán decirle a esta montaña:
"Trasládate de aquí para allá", y se trasladará.
Para ustedes nada será imposible.*
—Mateo 17:20

*"La fe es la fuerza con la cual un mundo
destrozado emergerá hacia la luz".*
—Helen Keller

Prefacio

C omo en mi primer libro, lo que he escrito en estas páginas no pretende ser una historia de Ruanda o del genocidio. Dejo los detalles de la crónica y el análisis político de esos cien días de matanzas a los historiadores, a los periodistas, a los profesores y a los políticos. Por mi parte, escribo sobre mi propia historia personal, escribo acerca de sobrevivir al genocidio, pero también sobre haber encontrado una vida que merece vivirse a través de la fe y con el poder sanador del perdón. Es una historia verdadera; los sucesos son reales, y uso mi propio nombre, así como los de los miembros de mi familia. Pero he cambiado los nombres y títulos de algunas de las personas que aparecen en este libro para proteger su identidad y su intimidad, y por la seguridad de los sobrevivientes.

—**Immaculée Ilibagiza,**
Ciudad de Nueva York
Otoño de 2008

Introducción

Llamada de alerta

Los gritos me despertaron sobresaltada.

Buscando en la oscuridad, traté de tocar a Nikeisha (o Nikki), mi preciosa hijita. Se había estado sintiendo mal por la gripa todo el día y toda la noche, y sólo había dormido unos minutos. Y yo tampoco había dormido. Por centésima vez esa noche, extrañé a mi madre.

¿Dónde estás, mamá? ¡Cuánto necesito tu ayuda! No tengo a nadie que me enseñe a aliviar el dolor de esta niña, pensé mientras me levantaba de la cama y me acercaba a la cuna de Nikki.

Mi mamá siempre nos había podido consolar a mis hermanos y a mí cuando estábamos enfermos, lastimados o asustados. Pero nunca tuvo la oportunidad de transmitirme esas habilidades, o los innumerables secretos de la educación de un niño, que ella había aprendido de mi abuela. La línea materna se había interrumpido; me habían arrebatado a mi madre y todo el amor y los conocimientos que ella tenía.

Cuando me senté a la orilla de la cama y arrullé a mi chiquita en mis brazos, me dolía el corazón. Nikki nunca sentiría la mano cariñosa de su abuela, ni escucharía la dulce voz de su abuelo que seguramente la habría mimado a más no poder. Al recordar cómo mi madre había soñado con tener nietos, preguntaba *¿Mami, la ves? ¿No es divina tu nieta?*

¿Cuántos años pasarían para que mi hija me preguntara qué había pasado con sus abuelos, por qué ella nunca había conocido a los tíos que veía en el álbum familiar, y cómo era el lugar donde su mami había crecido?

¿Qué le diría? ¿Cómo podría explicarle la historia de Ruanda y decirle que personas en las que había confiado toda la vida, que eran mis vecinos, mis maestros y mis amigos, se habían convertido en los monstruos más aterradores que cualquier pesadilla que ella pudiera tener? ¿Cuántos cumpleaños necesitarían pasar para que mi niña estuviera preparada para escuchar que su abuela, su abuelo y sus tíos habían sido asesinados junto con más de un millón de personas inocentes en Ruanda, que habían sido sacrificados sólo por haber nacido como Tutsis? ¿Cuál era la edad adecuada para que ella supiera del genocidio?

¿Qué palabras podría yo encontrar para describirle a Nikki lo que le habían hecho a mi familia? Mi dolor era tan grande que me impedía compartir esos terribles sucesos con el único de mis hermanos que había sobrevivido, Aimable, aunque ya habían pasado años y yo me había ido a vivir lejos, y tenía una vida nueva en Estados Unidos.

Pero yo sabía que era una historia que tenía que compartir, una historia que me había quedado para contar. Yo creía que Dios me había protegido durante el genocidio por una razón: para que hablara con tantas personas como pudiera y les dijera cómo Dios había tocado mi corazón en medio del holocausto y me había enseñado a perdonar. Yo tenía que ser testigo de que este acto por sí solo puede salvar a un alma lisiada por el odio y enferma por el deseo de venganza.

Yo tenía la esperanza de que quienes escucharan mi historia vieran cómo mi corazón destrozado había sanado gracias al perdón y dijeran: "Si su corazón pudo recuperarse, ¿por qué no el mío?".

¿Por qué el perdón no podía sanar un millón de corazones rotos y revivir a una nación destrozada? La respuesta es que puede sanar a todos los corazones y a todas las naciones. Ésa era la historia que necesitaba contarse; ésa era mi historia.

Nikki había dejado de llorar y ahora estaba durmiendo plácidamente en mis brazos. La acosté de nuevo en la cuna, la besé en la frente, y susurré a su oído: "Voy a escribir una historia para Dios, pero también para ti. Cuando crezcas podrás leer mi historia, y en sus páginas conocerás a tus abuelos y a tus tíos y sabrás cuánto te habrían amado".

Mi hija me había dado un llamado de alerta. Era media noche, pero yo ya no estaba cansada; mi bebé estaba respirando con facilidad, y yo tenía mucho que decirle, a ella y a cualquier persona que quisiera escuchar.

Me senté frente a la vieja mesa donde estaba mi computadora, al otro lado de donde estaba la cuna de Nikki, coloqué los dedos sobre el teclado y elevé una oración a mi santa favorita, la Virgen María, pidiéndole que guiara mis palabras, y luego empecé. Escribí toda la noche, y seguí escribiendo cada noche, semana tras semana, hasta que escribí "Fin". Mis esfuerzos habían culminado en una pila de papel que estaba en el suelo, a mi lado, y pedí a Dios que me dijera lo que tenía que hacer con ella, porque yo no tenía ni idea.

Claro, como Él siempre lo hace cuando tenemos aunque sea una pizca de fe, Dios respondió a mi oración. Pasarían años, muchas revisiones y visitas de ángeles guardianes, y otro bebé hermoso, pero Dios sí respondió a mi oración, guiándome a una reunión "accidental" con Wayne Dyer, un autor de gran inspiración y un gran orador motivacional, en una conferencia sobre espiritualidad en 2004.

Wayne estaba firmando ejemplares de su nuevo libro, y cuando me acerqué a él para que firmara el mío, empezó a platicar conmigo con su actitud amigable e inquisitiva. Minutos después, este amable caballero me estaba escuchando y le dije cómo Dios había tocado mi corazón durante el genocidio y me había enseñado a perdonar a los que habían asesinado a mi familia. Wayne escuchaba y luego me causó un gran impacto al prometerme que llevaría mi manuscrito a su casa editorial para convertirlo en un libro. Cumplió su promesa, y poco después, *Sobrevivir para contarlo. El holocausto de Ruanda*, se había publicado y llegó a ser un *best seller* a nivel internacional.

Desde que mi libro se publicó en 2006, se ha traducido a más de doce idiomas, desde el islandés hasta el japonés, y me han invitado a visitar países sobre los que nunca había escuchado hablar, siendo niña, en mi pequeña aldea de África. ¡Es un don glorioso conocer a tantas personas maravillosas, compartir mi historia y hablar sobre la fe y el perdón! De hecho, pocas cosas me han causado tanta alegría o un mayor sentido de propósito.

Sin importar dónde vaya, la gente se asombra de que haya yo podido perdonar a los que me persiguieron y asesinaron a mi familia. A veces me dicen que hay en mí algo diferente o notable: "Eres una santa por haber perdonado a esos asesinos como lo hiciste. En verdad eres una santa". Claro que no soy una santa. Ni hay en mí nada notable; sigo luchando con el dolor, con el miedo y con el enojo como cualquier otro ser humano. Pero cuando brotan esos sentimientos, recuerdo la forma en que Dios me salvó y me fortaleció. El Señor siempre está cerca de mí, como lo está para cualquiera de nosotros cuando lo necesitamos. Pero siempre debemos estar listos para recibirlo en nuestro corazón, y espero que *eso* sea lo que las personas tomen de mi relato.

ESCRIBÍ ESTE SEGUNDO LIBRO PARA COMPARTIR ALGO MÁS DE MI HISTORIA CON MIS LECTORES. Gran parte de lo que trato aquí se mencionó ligeramente en *Sobrevivir para contarlo*, así que quería yo dar más detalles sobre lo que me ocurrió en los años después del genocidio, cuando tuve que luchar para que mi relación con Dios tuviera prioridad en mi corazón. No escribí *Guiada por la fe* en orden cronológico, como un diario que se escribe día tras día, narrando mi vida después del holocausto. Yo quería compartir mi saga de supervivencia a través de una cadena de experiencias y recuerdos profundamente personales que conectan y señalan los sucesos que más profundamente influyeron en mi crecimiento espiritual.

Nuestra pesadilla nacional había estremecido a mi país hasta lo más profundo; el sufrimiento, el pesar, la desconfianza y el miedo estaban por todas partes. Aunque yo me había entregado por completo a la voluntad de Dios durante el genocidio, abrazando su amor y aceptándolo como mi Padre celestial, mi mejor amigo y mi protector, mi vida estaba ahora llena de nuevos desafíos que eran aterradores y que yo nunca pude haber anticipado. En el mundo oscuro y confuso que se creó a mi alrededor, la lucha por encontrar significado, comprensión y esperanza continuaba.

A través de esa lucha aprendí una de las lecciones más importantes: Nunca dar por sentada la fe. Nuestra relación con el Señor es el romance más glorioso que alguna vez experimentaremos, pero como todas las relaciones, es necesario nutrirlo; exige mucho trabajo, atención constante, y un profundo compromiso para fortalecerse y florecer. La renovación de la fe sigue ocurriendo en mi vida, y me ha maravillado el que la gente de Ruanda haya renovado su fe en Dios, a medida que las heridas del genocidio sanan a través de su amor.

Incluso en los mejores momentos, la vida es un desafío, y los asuntos terrenales pueden interferir muy fácilmente con nuestra espiritualidad. Conforme avancé a tropezones en mi camino después del holocausto, aprendí que encontrar al Señor no es suficiente; debemos conservarlo siempre en nuestro corazón. Necesitamos descubrirlo nuevamente, confiar en Él en todas las cosas, grandes y pequeñas, y asegurarnos de que Él sigue siendo parte de nuestra vida diaria. Siempre debemos permitir que la fe guíe a nuestro corazón.

Capítulo 1

Sobrevivir
para contarlo

P ara quienes no han leído *Sobrevivir para contarlo* y no me
conocen, quiero presentarme y hacer un breve resumen de lo
que compartí con mis lectores en mi primer libro. (A los que ya
hayan leído el libro tal vez les sea útil tener esta oportunidad de
recordar mi historia.)

Soy Immaculée Ilibagiza. Nací en Ruanda, el pequeño país de
África central que el mundo recuerda por una razón: el genocidio
de 1994 en el que más de un millón de personas inocentes fueron
malignamente asesinadas con una saña y crueldad inimaginables.
No obstante, siendo niña no podía imaginar un lugar más feliz y
pacífico para crecer.

Ruanda es uno de los lugares más bellos del mundo, lo cubren
interminables colinas, bosques de pino y de cedro, y fértiles valles
llenos de verdor. Disfruta de un agradable clima templado a lo
largo del año y por eso los primeros europeos que se establecieron
en Ruanda la llamaron "la tierra de la eterna primavera". Personalmente, yo creía que había nacido en el paraíso.

Crecí en una aldea pequeña llamada Mataba, en la provincia
occidental de Kibuye. Nuestra casa estaba en la cumbre de una
colina desde donde se veían las brillantes aguas del lago Kivu. Al
otro lado del lago surgía el impactante panorama de las montañas
cubiertas de nieve de Zaire, nuestro país vecino, que ahora se
llama República Democrática del Congo.

Aunque Ruanda es más o menos del tamaño del estado estadunidense de Maryland, tiene una población de más de ocho mi-

llónes, por lo que es uno de los países más densamente poblados del mundo. También es uno de los más pobres. Nuestra aldea rural tenía una escuela de un sólo salón, y no había servicio de agua corriente, ni electricidad. Sin embargo, la gente parecía auténticamente bondadosa y amigable. Nuestros vecinos eran como una gran familia y sus puertas siempre estaban abiertas para nosotros, así como nuestras puertas siempre estaban abiertas para ellos. Cuando era niña, nunca me sentí amenazada, ni temerosa ante ninguna de las personas que conocía.

Mis padres, Rose y Leonard, eran personas amables y generosas; sus cuatro hijos los adorábamos; mis dos hermanos mayores, Aimable y Damascene, mi hermano menor Vianney, y yo. Papá y mamá fueron los primeros de sus familias que terminaron la preparatoria, y eran de las pocas personas que fueron a la universidad. Ambos eran maestros y creían que la única forma de escapar de la pobreza que asolaba a tantas regiones de África era con una buena educación académica. Cuando mis hermanos y yo regresábamos de la escuela, trabajaban con nosotros, repasando las materias para asegurarse de que nuestras calificaciones estuvieran entre las más altas de la provincia.

Muchos de los habitantes de la aldea, o sus hijos, habían sido sus alumnos y mis padres eran tan respetados en la comunidad que a menudo se les pedía su consejo o se les consultaba para resolver disputas. Recuerdo especialmente que los hombres de la zona se acercaban a mi padre al salir de la iglesia los domingos para hacerle preguntas sobre qué sembrar en sus tierras o lo que podrían hacer para que sus hijos pudieran seguir asistiendo a la escuela, o cuánto deberían pagarle a un vecino por su vaca.

Ir a la Iglesia era algo muy importante para nosotros. Amábamos y venerábamos a Dios, y la oración era un ritual de todos los días. Aunque mis padres eran católicos devotos, creían que Dios estaba presente en todas las religiones, y nos animaban a vivir la regla de oro; es decir, siempre tratar a nuestro prójimo con amor y respeto.

Mis tres hermanos y yo nos teníamos mucho cariño, y vivimos una infancia feliz en Mataba. Como no teníamos grandes centros comerciales, juegos de video, televisión o teléfono, buscábamos formas de divertirnos. Así que cuando no estábamos haciendo labores domésticas o trabajando en nuestras tareas escolares, pasábamos juntos la mayor parte de nuestro tiempo jugando, nadando en el lago Kivu o compartiendo historias en casa.

Mi vida era idílica casi en todos sus aspectos. Y no fue sino hasta que ya estaba bastante adelantada en mis estudios que me di cuenta de que nuestros padres nos habían estado protegiendo, a mí y a mis hermanos, de la verdad sobre Ruanda. Crecimos creyendo que nuestros vecinos nos querían y se preocupaban por nosotros, y que nuestro país era un lugar seguro y pacífico. Nunca nos hablaron de los terribles prejuicios, las tensiones étnicas ocultas, la política basada en odio que estaba dividiendo a nuestros compatriotas, lo que al final resultó ser el origen de uno de los genocidios más sangrientos de la historia.

ANTES DE ENTRAR AL SISTEMA ESCOLAR, nunca escuché que se hablara de la gente como *Hutu* o *Tutsi*, pero cuando entré no pude escapar de la horrible sombra que estas palabras proyectaban sobre Ruanda.

Mi educación sobre el estilo único del *apartheid* de mi país empezó cuando, siendo muy joven, me obligaron a ponerme de pie en el salón de clase en la mañana e identificarme como miembro de la tribu Tutsi. En Ruanda viven las siguientes tribus: la mayoría Hutu, a la que pertenecen aproximadamente el 85% de los habitantes del país; y mi tribu, los Tutsis, que representan el 14% aproximadamente. El uno por ciento restante corresponde a los Twa, una tribu de personas tipo pigmeo que por lo general viven y cazan en los bosques y se mantienen aislados.

Aunque los Hutus y los Tutsis pertenecíamos a tribus diferentes, compartíamos una misma cultura, hablábamos el mismo idioma (el Kinyarwanda), comíamos lo mismo, íbamos a las mismas iglesias, estudiábamos en los mismos salones de clase, y vivíamos en los mismos vecindarios, e incluso en las mismas casas. Aunque supuestamente los Tutsis eran más altos, el color de su piel era más claro y tenían narices más angostas que los Hutus, las generaciones de matrimonios entre personas de ambas razas habían erradicado esencialmente esas diferencias. La sangre Hutu y Tutsi se ha mezclado a lo largo de tantos siglos que para cuando yo nací, en 1970, era prácticamente imposible distinguir a las tribus. Sin embargo, en el aspecto político se les mantuvo separadas con una eficiencia devastadora.

Como ocurre en muchas regiones de África, gran parte de los problemas de la Ruanda moderna tienen sus raíces en su pasado colonial.

A lo largo de más de 500 años, los Hutus y los Tutsis habían vivido en paz bajo el gobierno de una larga línea de reyes Tutsis. Pero esa paz se destruyó cuando los colonizadores europeos, primero los alemanes y luego los belgas, llegaron a Ruanda en el siglo XIX. Para conquistar y controlar más fácilmente el país, los belgas apoyaron a la monarquía Tutsi y explotaron la estructura social existente. Los belgas favorecieron a los Tutsis porque el color más claro de su piel y sus facciones más finas hacían que parecieran tener una relación más cercana con los europeos que los Hutus. Los gobernantes belgas incluso introdujeron una "tarjeta de identificación étnica" para garantizar que los dos grupos permanecieran tan separados como fuera posible en el aspecto social.

Cuando el rey Tutsi ejerció presión para lograr la independencia y les pidió a los belgas que salieran de Ruanda en 1959, los belgas respondieron pidiéndole a los extremistas Hutus que tomaran el poder y derrocaran a la monarquía Tutsi que tenía siglos de antigüedad. La sangrienta revolución Hutu que siguió causó la muerte de más de 100 000 Tutsis. Cuando los belgas salieron de Ruanda en 1962, los Hutus iniciaron una campaña de terror y asesinato contra los Tutsis que duró diez años. Decenas de miles de hombres, mujeres y niños fueron asesinados en los frecuentes ataques contra los Tutsis y en las actividades de limpieza étnica fomentadas por los nuevos gobernantes del país.

Tan pronto como estos extremistas establecieron políticas para asegurarse de que ahora los Hutus consiguieran los mejores puestos, los funcionarios Tutsis fueron despedidos, al igual que los profesores Tutsis, y se aseguraron de negarles becas a los mejores estudiantes Tutsis. El sistema de tarjetas de identidad racial se usaba para aislar, intimidar y perseguir a los Tutsis. Cuando cientos de miles de Tutsis huyeron del país para escapar de las matanzas, el gobierno Hutu aprovechó la oportunidad para desterrarlos a perpetuidad. Por lo tanto, generaciones de Tutsis vivieron en el exilio, en los países vecinos de Ruanda, pues la ley les prohibía regresar a su patria.

Para cuando yo era adolescente en la década de 1980, muchos de los exiliados se habían unido a un movimiento político en Uganda que se llamaba Frente Patriótico de Ruanda (RPF por sus siglas en inglés Rwandan Patriotic Front). El RPF exigía que el gobierno Hutu dejara de perseguir a los Tutsis en Ruanda y permitiera que regresaran los exiliados. El gobierno, que llegó a ser una dictadura virtual después de un golpe de estado dirigido por Juvénal Habyarimana en 1973, rechazó sus demandas y los soldados rebeldes Tutsis invadieron el norte de Ruanda desde Uganda. Los rebeldes dijeron que lucharían hasta que el gobierno Hutu aceptara compartir el poder con ellos y tratar a los Tutsis con igualdad.

La invasión provocó una guerra civil que tenía fugaces momentos de paz, y que empezó cuando yo estaba estudiando la preparatoria en el extranjero, en el otoño de 1990. Las políticas anti-tutsi se intensificaron y alcanzaron niveles de odio e intolerancia que el mundo no había visto desde la persecución de los nazis contra los judíos hacía varias décadas. Una de las herramientas de odio más agresivas fueron "Los diez mandamientos Hutu", que aparecieron por primera vez en un periódico que atacaba a los Tutsis. Este medio de propaganda declaró que era un acto de traición que un Hutu se casara con una persona Tutsi, que le prestara dinero o incluso que hiciera negocios con ella. Los puestos importantes en el gobierno o la milicia no estaban al alcance de los Tutsis en este momento; y se insistió en que los Hutus tenían que alejarse de sus vecinos, parientes y amigos Tutsi.

Un movimiento político conocido como "Poder Hutu" se extendió por todo el país, con programas de "odio" transmitidos por la estación de radio del gobierno para promover un intenso miedo y aversión contra los Tutsis. Los programas Hutus de radio deshumanizaban a los Tutsis, los llamaban "cucarachas" que tenían que ser "exterminadas" antes de que pudieran dañar a los niños Hutus o apoderarse de los trabajos de los Hutus. Esos programas llegaron a todo el país y era claro que el gobierno estaba apoyando abiertamente una política de asesinato masivo para enfrentar el "problema de los Tutsis".

Fue una época de terror que llegó a ser más inestable cuando el partido político de Juvénal Habyarimana empezó a reclutar y a entrenar decenas de miles de soldados entre los jóvenes Hutus desempleados; así se formó una milicia paramilitar conocida como *Interahamwe*, que literalmente significa "los que matan juntos". Su única misión era exterminar a las "cucarachas Tutsis".

Para abril de 1994, el combustible del genocidio se había reunido y estaba preparado, listo para encenderse. La chispa prendió en Pascua, cuando yo estaba en casa durante mis vacaciones de la universidad para visitar a mi familia.

La noche antes de que empezara el genocidio, mi hermano Damascene le rogó a mi familia que saliera de la aldea con él de inmediato porque había oído que los grupos del *Interahamwe* estaban recorriendo nuestra zona armados con machetes y granadas de mano. También nos advirtió que tenían una lista de los Tutsis que debían morir.

"Nuestros nombres están en esa lista", dijo mi hermano, suplicándole a mi padre que nos sacara del país esa noche. Nos prometió que encontraría un bote en la ladera de la colina y que remaría para llevarnos al otro lado del lago Kivu para que estuviéramos seguros en Zaire.

Pero no pudo convencer a mi padre. "Eres demasiado joven para saber de qué estás hablando", le dijo a Damascene, "he visto este tipo de pánico antes; surgen los rumores sobre las listas de muerte, y de pronto todos empiezan a ver asesinos con granadas detrás de cada arbusto".

Papá y yo creíamos que nuestros vecinos eran gente buena y amable, y que no eran capaces de lastimarnos. Había problemas políticos debido a la guerra, pero eso no nos afectaba; nuestra aldea era una gran familia feliz. Incluso mi novio, John, era Hutu, y teníamos planes para casarnos al terminar nuestros estudios en la universidad. Así que estuve de acuerdo con papá y no pensé que las cosas fueran tan malas como decía Damascene.

"Además, el presidente Hutu acaba de firmar un acuerdo de paz con los rebeldes Tutsis en el que acepta compartir el poder y permitir que los exiliados vuelvan a Ruanda", dijo mi padre. "Las cosas han mejorado para los Tutsis; no han estado mejor en años. Deja que los funcionarios tomen las decisiones, Damascene".

Pero mi hermano estaba tan apasionado sobre lo que estaba diciendo que llegó a convencerme. Recordé los programas de radio que les pedían a los Hutus que exterminaran a las cucarachas Tutsis, y las terribles demostraciones contra los Tutsis que había yo visto en las calles cerca de la ciudad donde estaba la universidad.

"Tal vez Damascene tiene razón, papá. Tal vez debemos irnos ahora..."

La respuesta de mi padre fue terminar la conversación abruptamente.

"Nadie en esta familia va a ir a ninguna parte", dijo, "Yo soy mayor y sé lo que hago".

A LA MAÑANA SIGUIENTE, EL 7 DE ABRIL, ya no importaba si Damascene había tenido razón o no; era demasiado tarde para que alguno de nosotros pudiera escapar.

El Presidente Habyarimana había muerto; el avión en que viajaba fue derribado a tiros durante la noche, cuando él regresaba de una conferencia de paz. Una hora más tarde, los extremistas Hutus pusieron en marcha los planes que habían elaborado con tanto cuidado para iniciar el genocidio. La matanza empezó en Kigali, la capital de Ruanda; cualquier Tutsi o Hutu moderado que pudiera impedir el inicio del holocausto fue arrastrado fuera de su casa y ejecutado en las calles, junto con su familia.

De inmediato surgieron escuadrones de muerte en nuestra aldea, y empezó la matanza de nuestros amigos y vecinos Tutsis. Los del *Interahamwe* prendían fuego a las casas y asesinaban familias enteras con machetes, mientras trataban de escapar de las llamas. Los gritos resonaban en las colinas que rodean a Mataba, pero no había lugares a donde huir. Las rutas de escape fuera del país, incluyendo el trayecto en bote por el lago Kivu, estaban bloqueadas. Los soldados del gobierno y los asesinos del *Interahamwe* habían puesto barreras por todas partes, y llevar una tarjeta de identificación Tutsi era una sentencia de muerte.

Conforme los asesinos pasaban de una choza a otra, cientos de aldeanos aterrorizados corrieron a nuestra casa, buscando la ayuda de mi papá. Mis padres habían sido líderes comunitarios, y ahora la comunidad Tutsi confiaba en que ellos podrían salvarles la vida. Pronto, miles de Tutsis de la región estaban frente a nuestra casa, esperando que papá les dijera qué hacer.

Durante los dos días siguientes, mi padre trató de tranquilizar a la multitud aterrorizada, pidiéndoles que se defendieran lo mejor que pudieran, mientras llegaba ayuda. Pero muchos eran mujeres y niños, y los jóvenes que estaban dispuestos a pelear no tenían armas. Todos estaban aterrados; recuerdo que pensé que estábamos inmóviles como ovejas que serían llevadas al matadero.

El tercer día empezaron los ataques. Al principio, los hombres que estaban en el grupo detuvieron a los del *Interahamwe* lanzándoles palos y piedras, pero seguían llegando y sus grupos eran cada vez más grandes, llevaban machetes, lanzas y mazos con clavos.

Antes de que los ataques se convirtieran en una masacre, mi padre me dijo que corriera a la casa del pastor del lugar, que era Hutu, con Augustine, un amigo de mi hermano menor.

"Vete de aquí ahora, Immaculée", me ordenó mi padre. "El Pastor Murinzi es un buen hombre y un buen amigo. Pídele que te esconda hasta que se resuelva este problema".

Le supliqué que me dejara quedarme; me preocupaba pensar que nunca volvería a verlo a él, a mi mamá y a mis hermanos. Pero él insistió en que me fuera, diciendo que si no me iba podrían violarme o algo peor. Al despedirse de mí, puso en mis manos su rosario de cuentas rojas y blancas y me dijo que mi fe en Dios me protegería. Le dije a mi padre que lo amaba, y él me prometió que iría por mí a la casa del ministro en cuanto el peligro pasara. Perdí de vista a mi madre en la locura que rodeaba la casa, y no pude encontrarla para despedirme. Nunca volví a ver vivos a mis padres.

HABÍA ASESINOS POR TODA LA COMARCA, y Augustine y yo apenas pudimos evitar un grupo de aldeanos Hutus fuertemente armados mientras corríamos hacia la casa del Pastor Murinzi.

Aunque era Hutu, el Pastor Murinzi había sido amigo de la familia durante muchos años, y aceptó esconderme. Sin embargo, como ya había recibido a algunas otras mujeres y niñas Tutsi, no podía proteger a Augustine, ni a mi hermano Vianney, que llegaron después. (Damascene también había ido, pero había decidido ocultarse con un amigo Hutu llamado Bonn.)

No tengo lugar para ellos, y ocultar varones es más peligroso que ocultar mujeres, explicó el pastor. "Me estoy arriesgando mucho al ayudarles; si las encuentran aquí, a cualquiera de ustedes, nos matan a todos". Ni mis súplicas, ni mis lágrimas pudieron convencerlo. Por fortuna mi hermano Aimable estaba a tres millas de distancia, en Senegal, y había escapado de la pesadilla en la que el resto de nosotros estábamos hundidos. Lo más difícil que he tenido que hacer en mi vida fue decirle a Vianney y a Augustine que tenían que irse de la casa del pastor y que tenían que tratar de huir de los asesinos por su cuenta. Mi corazón se hizo pedazos cuando ellos desaparecieron en las tinieblas, sin saber a dónde ir, sin saber si se salvarían.

EL PASTOR MURINZI ACEPTÓ ESCONDER A SEIS MUJERES TUTSI: a mí, a una mujer con sus dos hijas y otras dos jóvenes, en un baño pequeño que casi nunca se usaba y que estaba detrás de su habitación. Ahí pudo ocultarnos de los asesinos, de sus sirvientes, e incluso de su propia familia. Después llegaron otras dos mujeres, estábamos en un espacio de aproximadamente un metro por un metro y 25 centímetros, tan apretujadas que casi no podíamos respirar.

Como el pastor nos había ordenado estrictamente no hablar, temiendo que alguien pudiera escucharnos, casi no dijimos una palabra en tres meses. Pero no era difícil escuchar a los monstruosos asesinos que recorrían las calles de la ciudad, gritando mientras buscaban a los Tutsis: "¡Mátenlos! ¡Mátenlos! ¡Mátenlos! ¡Maten a todas las malditas cucarachas, grandes y pequeñas! ¡Mátenlas a todas!".

Durante los siguientes 91 días, esas siete mujeres y yo estuvimos unas encima de otras en ese reducido espacio, mientras los asesinos asolaban el exterior. Podíamos oír las noticias en la radio desde la habitación del pastor; los funcionarios del gobierno les ordenaban a todos los Hutus de Ruanda que se armaran con machetes y exterminaran a todo Tutsi que vieran, aunque fuera su propio esposo, esposa o hijo. Si no mataban a un Tutsi o si le ofrecían protección, se les castigaba con la muerte. Había casi siete millones de Hutus en el país y por lo que sabíamos, con muy pocas excepciones, todo aquel que fuera capaz de matar se había unido a la carnicería.

Los noticieros internacionales informaban que el mundo le había dado la espalda a Ruanda. Sólo un puñado de pacifistas de Naciones Unidas permanecía en el país, y nadie llegaba a prestar ayuda; ningún país africano, ninguna nación europea, y ciertamente nadie de Estados Unidos. Todos sabían lo que estaba pasando aquí, pero nadie actuó para detenerlo. El gobierno extremista Hutu interpretó el silencio como una luz verde para cometer el genocidio, y continuaron matando con mayor rapidez y eficiencia, superando incluso a Adolfo Hitler.

No necesitábamos un radio para saber lo cerca que siempre estuvimos de la muerte, pues los asesinos entraron a la casa del pastor muchas veces buscando. Los escuchábamos maldiciendo al otro lado de la delgada pared de yeso, mientras movían los muebles y golpeaban las tejas del techo para ver si alguien estaba escondido. La puerta del baño estaba a la vista en la habitación del pastor; el que nunca nos hayan encontrado es un milagro de Dios.

Un día, cuando los asesinos se acercaban a la casa del pastor, tuve una visión en la que alguien colocaba un ropero alto frente a la puerta del baño. Supe que seguramente era una señal de Dios, así que le supliqué al Pastor Murinzi que pusiera su ropero frente a la puerta. Estuvo de acuerdo, y en cuanto lo había puesto, los asesinos entraron violentamente a la habitación y de nuevo buscaron por todas partes. Podíamos oírlos buscando en el ropero, murmurando que habían encontrado bebés Tutsis escondidos en los cajones de los muebles y los habían matado. Pero no buscaron detrás del ropero, y eso salvó nuestras vidas.

Éste sólo fue uno de los muchos milagros que viví durante el genocidio; el mayor de todos fue descubrir la verdadera esencia de Dios, y a través de Él, el poder de perdonar incluso a los que habían cometido actos tan desalmados contra mi país y contra mi pueblo.

Desde el momento en que entré a ese baño, me aferré al rosario rojo y blanco que mi padre me había dado al despedirse de mí. El rosario llegó a ser mi línea vital hacia el Señor, y oré con él con frecuencia, pidiéndole a Dios que me librara de ser violada y asesinada. Pero mis plegarias no tenían poder porque yo seguía odiando a los asesinos por lo que estaban haciendo. Cuanto más oraba, más entendía que para recibir las verdaderas bendiciones de Dios, mi corazón tenía que estar listo para recibir su amor. ¿Pero cómo podía Dios entrar en mi corazón si estaba tan lleno de ira y de odio?

Recé el Padre Nuestro cientos de veces, con la esperanza de poder perdonar a los asesinos que estaban acabando con todo a mi alrededor. No podía hacerlo; cada vez que llegaba a la frase "perdonar a los que nos ofenden" se me secaba la boca. No podía decirlo porque no podía experimentar el sentimiento que respalda a esas palabras. No poder perdonar me causaba un dolor aún mayor que la angustia que sentía por estar separada de mi familia, y era peor que el tormento físico de sentir que los asesinos me estaban buscando.

Después de varias semanas de oración constante, Dios vino a mí una noche y tocó mi corazón. Me hizo entender que todos somos sus hijos, y que por lo tanto, todos merecemos el perdón. Hasta aquellos que cometían crímenes tan depravados como los asesinos que estaban destrozando a Ruanda. Debían ser castigados como niños mal portados, pero también necesitaban el perdón.

Después tuve una visión de Jesús en la cruz, usando su último aliento para perdonar a sus perseguidores; por primera vez pude abrirme por completo y permitir que Él llenara mi corazón con el poder de su perdón. El amor de Dios inundó mi alma, y perdoné a quienes habían pecado, y seguían pecando, en forma tan inaudita y tan cruel. El enojo y el odio que había endurecido mi corazón se desvaneció, y me inundó una profunda sensación de paz. Ya no me importaba que pudiera yo morir. Claro que yo no quería morir, pero sabía que estaba preparada. El Señor había limpiado mi corazón y ya no tenía que temer a la muerte, pues Él había salvado mi alma. Aunque toda mi vida había creído en Dios y había orado a Jesús y a la Virgen María, nunca había sentido el poder de Dios en mí como en el momento en que mi corazón aprendió a perdonar. Ahora sentía que ese poder me rodeaba, y sabía que Dios estaría conmigo todos los días de mi vida.

Me dediqué a la oración las semanas restantes que pasé en el baño, inmersa en una paz relativa. Escuchamos en la radio que los rebeldes Tutsis y el RPF habían seguido a su líder, Paul Kagame, a Ruanda, desde su base en Uganda. Habían estado luchando contra el ejército Hutu desde que las otras mujeres y yo nos habíamos ocultado, y ahora el gobierno Hutu se estaba viniendo abajo. Quienes organizaron el genocidio habían huido de Kigali y el ejército Hutu estaba a punto de ser derrotado. Los asesinos seguían rondando por todas partes, pero ahora había esperanza de que alguien nos rescatara.

DESPUÉS DE QUE MIS COMPAÑERAS Y YO HABÍAMOS PERMANECIDO OCULTAS DURANTE TRES MESES, las tropas francesas llegaron al oeste de Ruanda para establecer zonas de seguridad, lugares donde los sobrevivientes Tutsis pudieran encontrar protección y asilo. Aunque los Tutsis desconfiaban de los franceses porque habían apoyado al gobierno Hutu durante mucho tiempo, con dinero y con armas, en ese momento lo único que podían hacer era recurrir a ellos.

El Pastor Murinzi nos dijo que los asesinos se estaban acercando a nuestro escondite, y que si no nos íbamos, con toda seguridad nos encontrarían y nos matarían. Una noche sin luna nos llevó a un campo de refugiados francés y mis compañeras y yo pasamos varias semanas en un espacio relativamente seguro, y pudimos comer como no lo habíamos hecho desde que comenzó el genocidio. Al encontrarme con otros sobrevivientes, poco a poco me enteré de la magnitud de la maldad que había llenado a nuestro país y me enteré del destino de mi familia.

Mi padre había muerto a balazos por órdenes de un funcionario Hutu que antes había sido su amigo. Papá había ido a la oficina de gobierno local para pedirle al agente que ayudara a los refugiados que habían acampado frente a nuestra casa. Le dispararon por la espalda al salir de la oficina. Lo asesinaron pocos días después de que comenzara el genocidio.

Mi madre pudo ocultarse por un tiempo, pero cuando creyó escuchar a mi hermano Damascene pidiendo ayuda, salió a buscarlo. Unos hombres, que antes habían sido buenos amigos de la familia la atacaron con machetes hasta matarla.

Damascene se había ocultado durante varias semanas con la ayuda de su amigo Bonn. Pero cuando intentaba abordar un bote en el lago Kivu para ir a Zaire, los asesinos lo emboscaron. Una banda de hombres de la localidad y un grupo de muchachos guiados por un ministro protestante, lo ejecutaron a machetazos. Después, algunas personas que fueron testigos del asesinato me dijeron que él había orado por sus asesinos, mientras lo destrozaban.

Y finalmente, tuve noticias de mi hermano Vianney, a quien le había pedido que se alejara de la casa del pastor con su amigo Augustine. Después de eso, los chicos corrieron a un estadio de futbol, con otros muchachos Tutsis, con la esperanza de estar seguros ahí. Pero el estadio se convirtió en una tumba masiva cuando unos asesinos lanzaron granadas de mano al estadio y luego atacaron a los que huían de él con ametralladoras. Una niña que estaba con Vianney durante el ataque me dijo que las balas lo partieron en dos.

Lo que escuché sobre mi familia fue casi demasiado para soportarlo, pero la nueva relación que ahora tenía yo con Dios me ayudó a superar mi dolor. No me sentía enojada con quienes habían asesinado a mi familia; sabía que estaban poseídos por el demonio y tendrían que reconciliarse con el Señor el Día del Juicio.

DIOS SIGUIÓ PROTEGIÉNDOME DESPUÉS DEL GENOCIDIO, guiándome sin riesgos a un nuevo hogar en Kigali y a un nuevo trabajo en la ONU. Pude ganar suficiente dinero para regresar a Mataba y sepultar a mi madre y a Damascene, los únicos miembros de mi familia cuyos cuerpos pude encontrar.

Yo había vuelto a empezar, pero me faltaba algo para realmente tener una vida nueva. Necesitaba practicar lo que Dios me había enseñado mientras estaba oculta y perdonar verdaderamente a quienes habían asesinado a mi familia. Así que fui a una prisión que estaba cerca de mi aldea a ver a Felicien, un hombre cuyo machete había acabado con la vida de mi madre y de Damascene.

Como en el caso de muchos otros que se habían convertido en asesinos, el alma de Felicien estaba llena de confusión. Cuando la niebla de la maldad se desvaneció de su corazón, lo único que pudo sentir fue remordimiento. Él había sido un hombre alto y orgulloso, al que yo había admirado siendo niña; un próspero hombre de negocios y político local que usaba trajes finos y siempre cuidaba su apariencia. Pero ahora su cuerpo estaba en decadencia y su mente estaba al borde de la locura. Estaba postrado en el suelo frente a mí y no pudo mirarme a los ojos; la vergüenza que sentía era tan fuerte y lamentaba tanto lo que había hecho que ni siquiera podía pedirme perdón, pero pude ver cuánto lo deseaba.

Ahí en la prisión, yo sabía que Felicien, el asesino y yo, la que había sobrevivido, estábamos en el mismo camino. Ambos necesitábamos el poder de Dios para sanar y así poder seguir adelante para que nuestro país sobreviviera y superara la amargura, la sangre y el sufrimiento del holocausto.

Perdoné a Felicien de todo corazón. Y creo que en su corazón él aceptó mi perdón.

Mi alma estaba libre y mi amor a Dios fluía en abundancia, pero mi vida como sobreviviente del genocidio apenas estaba empezando. Al igual que Ruanda, yo tendría que enfrentar muchos días oscuros y muchas dudas en el camino hacia un futuro incierto, pero sabía que este peregrinar siempre estaría bendecido si se realizaba con fe.

Capítulo 2

Caminar entre ruinas

E l genocidio había terminado, pero en mi interior la guerra parecía continuar.

A finales del verano de 1994, mi país seguía siendo un caos, mi mundo estaba de cabeza y yo creía que nunca volvería a tener paz. Todo lo que había conocido había desaparecido, y todo lo que veía estaba cambiando ante mis ojos. Aproximadamente dos millones de Hutus habían huido al exilio, cruzando las fronteras de Ruanda, pues temían que quienes habían sobrevivido al holocausto los mataran en venganza. Y cientos de miles de asesinos y de aquellos que habían fraguado el plan del genocidio estaban muertos, encarcelados o en las espesas selvas de Zaire.

En cuanto a las víctimas, su número era cada vez mayor: al principio se dijo que habían sido 200 000, luego 500 000, finalmente la cifra llegó a más de un millón de muertos. ¡Más de un millón de seres inocentes, hombres, mujeres y niños Tutsis, habían sido asesinados! Los habían sacrificado con machetes, lanzas, fuego y pistolas. Se les había sometido con mazos, se les había torturado con cuchillos y habían sido víctimas de abusos sexuales en los que se utilizaron botellas rotas. Los métodos habían sido primitivos, pero eficaces y crueles. No obstante, sin importar cómo hubieran muerto, todos los miembros de mi familia inmediata habían sido sacrificados, al igual que incontables vecinos, parientes y amigos Tutsis.

Antes del genocidio, Ruanda estaba llena de vida: más de un millón de Tutsis vivían al lado de varios millones de Hutus, y había ciudades y aldeas cerca de cada colina, de cada valle en el territorio. Pero ahora el país estaba desierto; sólo habían sobrevivido unos 200 000 Tutsis, en Ruanda había más fantasmas que habitantes.

No obstante, yo sentía que era muy afortunada. Había sobrevivido, nadie me estaba persiguiendo, encontré trabajo en las Naciones Unidas y los padres de mi amiga Sarah me recibieron en su casa. A diferencia de miles de mujeres Tutsis, yo no había sido torturada, ni mutilada; tampoco me habían violado, ni me habían dejado con un embarazo indeseado, con VIH, o ambas cosas.

Después de tres meses de estar casi sin comer, ahora estaba recuperando mi peso y mi salud. Y milagrosamente algunos miembros de mi familia habían sobrevivido: mis tías y primos de Kibuye se estaban recuperando del sufrimiento del genocidio, y mi hermano Aimable estaba vivo, estaba bien en Senegal, y pronto se reuniría conmigo.

El Señor había respondido a mis oraciones y me había guiado en esta terrible prueba; mi trabajo era agradable e incluso me brindaba momentos de alegría. Pero pronto empecé a darme cuenta de que la realidad de la vida después del holocausto era una serie constante de luchas. Dios me había bendecido, pero mi soledad seguía siendo amarga, era una espina en mi corazón.

En las mañanas me recogía un minibús de Naciones Unidas y me llevaba al trabajo, a menos que quisiera enfrentarme a las calles y caminar. Pasaba mis días en la oficina rodeada de personas que no habían nacido en Ruanda, y me gustaba cerrar los ojos y perderme en los idiomas de estos extranjeros de países lejanos. Era fácil fingir que estaba yo lejos, muy lejos de mi tierra natal bañada en sangre.

Pero al caminar de regreso a casa por la noche me era imposible apartar la mirada de lo que había ocurrido. No podía ignorar los horrores que mi gente había sufrido; fingir que estaba en otra parte no me alejaba de las casas destruidas por bombas y por incendios que ahora eran la arquitectura general de la ciudad de Kigali. No me atrevía a mirar al interior de los edificios casi destruidos, pues probablemente vería los cuerpos de toda una familia pudriéndose en el suelo. De hecho, en ocasiones tuve que pasar sobre los cadáveres desmembrados que yacían en las calles, y veía a los soldados disparándoles a los perros que se alimentaban con restos humanos.

Los muertos llegaron a ser un riesgo tan grave para la salud de la población que el gobierno declaró un día oficial para retirar los cuerpos; los negocios se cerraron y todos tenían que formar grupos para ayudar a llevar los cadáveres a los camiones que se los llevarían. Para entonces ya había yo visto tantos cadáveres que preferí pasar el día de rodillas orando por las almas de los muertos.

CUANDO CAMINABA POR LAS CALLES PARA REGRESAR A CASA DESPUÉS DEL TRABAJO, les daba monedas a los hombres y mujeres que habían sido mutilados durante el genocidio y habían perdido sus brazos o sus piernas. Eran tantos que normalmente me quedaba yo sin monedas antes de llegar a la casa de Sarah.

Cuando empecé a reconocer los rostros de la gente que me pedía ayuda, me di cuenta de que me había familiarizado con esas escenas de terror. Un sufrimiento que antes habría sido inimaginable en mi país, se había vuelto algo cotidiano. Pero fue peor comprender que fuera de Ruanda nuestra tragedia ya se había olvidado. Más de un millón de personas habían sido salvajemente asesinadas, pero el mundo ni siquiera había parpadeado.

En Kigali, empezaban a verse signos de normalidad en medio de la miseria. Algunos mercados de vegetales se reabrieron; cuando la electricidad funcionaba durante una o dos horas, la gente se reunía alrededor del aparato de radio para escuchar la crónica de un juego de futbol; y los antiguos taberneros estaban vendiendo cerveza de banana desde las cajuelas de sus coches. Ninguna de estas actividades tenía mucho sentido para mí; ver las consecuencias del genocidio mezcladas con la rutina de la vida diaria era antinatural y confuso. Mis padres y hermanos siempre habían estado cerca de mí cuando necesitaba su ayuda o su guía, y me sentía perdida sin ellos. Vivir sin su calidez y su afecto hacía que este lugar tan triste se volviera aún más sombrío y extraño.

Cuánto extrañaba yo las reuniones en la sala de la casa después de la cena para compartir nuestras experiencias del día, arrodillarnos juntos para orar cada noche o esperar llegar a casa después de la escuela para la celebración de un día festivo. El amor familiar siempre nos había reunido; ahora estaba yo sola, destrozada.

Es cierto que ahora estaba viviendo con Sarah, sus padres y sus hermanos, y todos se esforzaban por ser bondadosos conmigo ¿pero tendría yo que remplazar a mi familia con otra? ¿Tendría que olvidar que el pasado había existido y vivir mi vida como si nada hubiera cambiado? Muy a menudo, cuando pensaba en mis padres y en mis hermanos, no podía evitar ver en mi mente el sufrimiento de sus últimos momentos, eran imágenes que hacían que mi cuerpo temblara y dejaban a mi corazón retorciéndose dentro de mi pecho. Para alejar esos pensamientos dolorosos imaginaba que el genocidio había sido una terrible pesadilla que había durado mucho y de la que mis padres me despertarían y me tranquilizarían. Pero cada vez me resultaba más difícil aferrarme a esta fantasía porque la horrible realidad que me rodeaba me oprimía más y más.

Durante esas primeras semanas y meses, sin importar dónde estuviera yo, cenando con la familia de Sarah, sentada en la iglesia o redactando un informe en la oficina, de pronto los ojos se me llenaban de lágrimas. Pocas semanas después de haber empezado a trabajar en la ONU supe que la gente se refería a mí como "la chica que llora mucho". Eso me lastimó, pero *era* cierto. Lloraba por lo que había perdido, lloraba por lo que había visto.

Estos pensamientos me agobiaban tanto que hubo mañanas en las que casi no podía levantarme de la cama. ¿Por qué no falto al trabajo y me quedo bajo las cobijas? Me preguntaba. ¿Por qué tengo que enfrentar otro día de dolor? Alguien debe conocer el secreto para vivir con esta carga, ¡pero yo no lo conozco! De una u otra forma siempre me las arreglaba para tener fuerzas para llegar a la oficina, pero todo el día me movía como un robot. Hacía mi trabajo lo mejor que podía y nunca olvidaba lo afortunada que era de tener un trabajo cuando tantas personas en Ruanda no tenían nada. Y siempre que respondía con una sonrisa a los saludos de mis compañeros o aceptaba sus invitaciones para ir a tomar té o charlaba con ellos, sentía que mis acciones eran mecánicas y falsas. Me esforcé mucho para estar alegre, pero mi corazón reflejaba la tristeza que veía yo en las calles.

UNA TARDE, CUANDO REGRESABA A CASA, mis piernas ya no me sostenían. Me apoyé en el muro chamuscado de una casa desierta y me deslicé, dejándome caer en el suelo. Los coches de los diplomáticos pasaban frente a mí en su trayecto hacía el aeropuerto; quienes viajaban de regreso a casa en los autobuses de la ONU se me quedaban viendo; pasó un transporte militar y las carcajadas y malas palabras de los soldados sonaban con más fuerza que los motores de su vehículo; pasaron dos mujeres que regresaban de un mercado que recientemente se había inaugurado, hablaban de sus esposos mientras caminaban cargando sus bultos sobre la cabeza.

El mundo sigue su curso, sin importar cuántos hayan muerto, pensé. *¿Cómo puede la gente seguir viviendo? ¿Cómo puede caminar entre los muertos, entre la sangre? ¿A nadie le importa? ¿De qué sirve sufrir tanto en la vida si a nadie le interesa?*

Las piedras frías del muro que estaba a punto de derrumbarse se me clavaban en la espalda, mientras veía cómo la luz del día se desvanecía en el horizonte. Yo quería hundirme con el sol que dejaba de brillar sobre el mundo; deseaba seguirlo a las tinieblas, dejar atrás el dolor de la vida y dejar que mi cuerpo muriera entre las ruinas, mientras mi alma se alejaba.

Por favor, Dios, abrázame ahora, oraba yo en silencio. *Mis seres queridos ya están contigo, ¿por qué quieres que yo me quede aquí, en este lugar tan cruel y tan horrible? ¿Por qué tengo que sufrir, tratando de sobrevivir cuando estoy tan sola y mi corazón anhela estar contigo? Estoy lista para irme contigo ahora. Por favor llévame, estoy lista para morir.*

Lo único que quería era desvanecerme de la existencia. Veía en mi mente que Sarah y su familia estaban preocupados porque no llegaba yo a cenar. Tenía la esperanza de que no se sintieran muy mal, ni se culparan al ver que nunca volvería yo a su casa. Luego pensé en mi hermano Aimable, pero decidí que él ya había perdido a tantos seres queridos que podría aceptar una muerte más. Además, yo lo estaría cuidando desde donde estuviera.

Mi espíritu estaba listo para ir al cielo, así que me senté sin moverme y esperé

Pasó una hora, y luego otras dos. Sentí calambres en las piernas, las piedras del suelo se me clavaban y mi estómago empezó a crujir. Estas incomodidades me molestaban; las necesidades de mi cuerpo no permitían que mi alma se liberara. Traté de ignorar el hambre como lo había hecho durante los tres meses que pasé oculta, pero mi estómago sólo protestaba con más fuerza. Supongo que ya me había acostumbrado a comer porque de pronto no podía dejar de pensar en comida. Recordé de nuevo a Sarah y a su familia alrededor de la mesa, pero ahora me preguntaba qué habría preparado su mamá para la cena.

¡Era muy humillante tener que resolver el problema de sentir que mi estómago me gobernaba!

Pero me negué a rendirme ante las necesidades físicas, así que me esforcé por mantener mi mente y mi cuerpo inmóviles y cerré los ojos con fuerza. Poco a poco mis pensamientos se disolvieron en la nada y caí en un sueño profundo. De pronto, una voz angélica sonó en mis oídos: "Levántate, Immaculée. ¡Todavía estás viva, y necesitas seguir adelante! Busca a Dios en todo y no te desesperes cuando te duela el corazón. Dios siempre estará contigo y puedes pedirle cualquier favor; con Él todo es posible. ¡Ahora, levántate!".

Cuando abrí los ojos mi corazón estaba danzando y mi espíritu hizo que me pusiera de pie. Me impregné de la puesta de sol que bañaba a Kigali con miles de tonos color de rosa, y me llené de gratitud.

¡Qué hermoso es Tu mundo, Señor!, clamó mi alma, *perdona mi desesperación, ilumina mi corazón con tu Amor, y guía mis pies en tu camino. Gracias por enviarme tu ángel. Tú siempre te acercas a mí cuando te necesito; ¡eres un Padre maravilloso!*

Sacudí el polvo de mi ropa. Salí corriendo del edificio en ruinas y me dirigí a casa. En el camino canté "Amazing Grace" con todas mis fuerzas, aunque la gente se me quedara viendo como si estuviera loca. Una sonrisa iluminó mi cara y luego me reí al pensar que Dios había usado el hambre para ahuyentar mis siniestros pensamientos. Mi vida le pertenecía, y yo viviría para servirle. La tristeza y la desesperación serían parte de mi vida y podrían vencerme de vez en cuando; eso era un hecho que yo tenía que aceptar. Pero también acepté que Dios estaba cerca de mí, estuviera yo deprimida o alegre. Él era mi Padre y lo único que tenía que hacer era llamarlo y estaría junto a mí.

Bajé la colina corriendo para llegar a la casa de Sarah. Me moría de hambre.

Capítulo 3

María nuestra madre

A pesar de todo lo que sufrí mientras estuve oculta de los asesinos en la casa del Pastor Murinzi, las estrechas paredes de azulejo de ese baño me habían ofrecido la libertad más grande que había conocido. Mucho después de haber salido de ahí extrañaba ese refugio y deseaba volver a esas estrechas paredes donde mi mente sólo tenía un lugar al cual ir y se concentraba en Dios.

A mis siete compañeras y a mí no se nos permitía hablar porque corríamos el riesgo de ser descubiertas por los asesinos, y la pequeñez del baño sólo nos permitía el mínimo de movimiento. Los músculos de mis piernas siempre estaban acalambrados, mi coxis me ardía al estar oprimido contra el suelo duro y el aire estaba tan viciado y era tan escaso que incluso era difícil respirar. Pero a pesar de todo ese dolor y ese miedo, mi alma nunca se había elevado tanto. Durante esos 91 días en los que estuve oculta, descubrí que el encarcelamiento físico podía liberar al espíritu y que no había mayor libertad que la que se encuentra a través de la oración.

La oración no era algo nuevo para mí, pues recuerdo que desde niña me unía a mis padres y hermanos para orar en casa todos los días. Ir a la iglesia y al catecismo los domingos había sido también una experiencia de oración para mí, al igual que asistir a un colegio católico y estudiar la Biblia en la universidad. Siendo niña, siempre que quería algo, por ejemplo sacar buenas calificaciones en los exámenes o que mi hermano anotara el gol del triunfo en el partido de futbol, me ponía de rodillas y le rezaba a Dios o a la Virgen María para que me concedieran mi deseo en el momento oportuno. A diferencia de la mayoría de los niños, yo sentía que la oración era algo muy satisfactorio, consolador, placentero e incluso divertido. Yo podía hablar con Dios abierta y libremente, como hablar con un amigo, y nunca sentí la necesidad de contener mis sentimientos sobre lo que estaba ocurriendo en mi vida.

Cuando estuve encerrada en el baño del pastor, donde lo único que veía era el terror en los ojos de las otras mujeres, y lo único que oía eran los gritos de los asesinos sedientos de sangre, la oración adquirió un nuevo significado para mí. Mi mente se concentraba por completo en Dios hora tras hora. Al principio, mis peticiones brotaban de mi miedo; yo sólo quería seguir viviendo. Pero al paso del tiempo, a medida que dedicaba periodos más largos a estar en comunión con Él, mis oraciones me llevaron a un nivel espiritual que nunca antes había imaginado que fuera posible. Orar ya no era pedir la intervención divina; llegó a ser una puerta abierta hacia Dios, y cuando la crucé, lo único que sentí fue el calor y el poder de Su amor. En la profundidad de la oración no había miedo, no había dolor, no había dudas, sólo estaba la luz del Señor y la certeza de que Él me amaba y me cuidaba. Sentía al Espíritu Santo en mi interior, y podía escuchar la voz de Dios asegurándome que Él estaba conmigo y que siempre lo estaría.

Cuando no estaba orando, la luz perdía intensidad y yo volvía a sentir la desesperanza y el horror de mi situación. Pero conforme el genocidio pasó de días a semanas, yo dedicaba cada vez más tiempo a la oración. Pasaban días y noches enteros y yo me quedaba inmóvil con una de la Biblias del pastor en mi regazo y el rosario rojo y blanco de mi padre en mis manos; no salía de mi meditación, incluso cuando los asesinos entraban a la casa registrándolo todo. Durante esos tres meses, formé una relación con el Señor que sigue siendo mi sostén. Siempre que estoy en problemas, experimento dudas, o me siento lejos de Su presencia, la oración es lo que me ayuda a volver a ese lugar de paz espiritual interior que descubrí en ese baño.

Durante los primeros meses después del genocidio, estaba yo tan ocupada sobreviviendo, buscando comida y ropa, y luego empezando a trabajar en la ONU, que no podía dedicarle a Dios tanto tiempo como hubiera deseado. Tomando en cuenta todos mis nuevos deberes y responsabilidades, ni siquiera sabía con seguridad cuánto tiempo esperaba Dios que dedicara yo a la oración. Además, al parecer no había un tiempo o un lugar en el que pudiera darle gracias adecuadamente por sus innumerables dones y bendiciones.

Uno de esos dones fue la oportunidad de reunirme con mi amiga Sarah. Ella y yo nos conocimos cuando estudiábamos en el Lycée de Notre Dame d'Afrique, una escuela católica para señoritas en la provincia norteña de Gisenyl. El tiempo que pasé en el Lycée fue muy satisfactorio en cuanto a los estudios y las amistades, pero también fue difícil en cierta medida. Gisenyl era una zona Hutu, dominada por los extremistas anti-Tutsi, además estaba muy cerca de la frontera con Uganda. La guerra civil entre el gobierno Hutu y los rebeldes Tutsis que tenían su base de operaciones en Uganda acababa de comenzar, y las tensiones tribales nunca habían sido tan agudas. Había muy pocas estudiantes Tutsis en el colegio, y todas estábamos temerosas y nos sentíamos vulnerables.

Ruanda es una sociedad de línea paterna, lo que significa que aunque la madre de Sarah es Tutsi, a Sarah se le considera Hutu como su padre. Sin embargo, ella siempre fue una buena amiga. "Nunca te preocupes por las dificultades entre los Hutus y los Tutsis, Immaculée", me dijo una noche en el dormitorio. "Somos hermanas y nunca habrá problemas entre nosotras, sólo habrá amor".

En esa época, había advertencias en la radio según las cuales los Tutsis rebeldes estaban provocando conflictos en esa zona. Se les describía como demonios con cuernos y largos colmillos y se advertía a los Hutus que eran peligrosos y enemigos del estado. En medio de esa campaña negativa contra los Tutsis, la sensibilidad y la amistad de Sarah significaba mucho para mí, y creamos un vínculo que duraría toda una vida. Cuando nos graduamos del Lycée, pasamos juntas a la universidad, donde fuimos compañeras de cuarto. Augustine, su hermano menor, fue amigo de mi hermano Vianney; por eso Augustine estaba en nuestra casa el fin de semana en que empezó el genocidio.

Yo no sabía si Sarah había sobrevivido al genocidio hasta que un día ella tocó a la puerta de la casa de Aloise. (Aloise era una amiga que conocí en el campo de refugiados francés después de salir de la casa del pastor. Viajamos juntas a Kigali, donde ella me dio hospedaje y me ayudó a conseguir trabajo en la ONU. Hablaré más de ella más adelante en este libro.) Cuando Sarah me encontró, nos abrazamos y me invitó a vivir con su familia. Sus padres, que se habían casado siendo muy jóvenes, habían estado juntos durante 55 años. Su padre, Kayonga, y su madre, Filo, eran profundamente religiosos y pasaban muchas horas orando en su habitación. Parecía que cada vez que yo pasaba frente a su puerta podía escucharlos murmurar las palabras de "Dios te salve María, llena eres de gracia".

Era consolador saber que se veneraba así a Dios en casa de Sarah, pero debo confesar que sentía cierta envidia porque yo no tenía una habitación privada para orar. Aunque la casa me proporcionaba un santuario seguro y lleno de amor, me era difícil orar ahí. Era una casa pequeña según los estándares occidentales; y normalmente estaban ahí los hermanos de Sarah, sus hermanas, sobrinos, primos y amigos de la familia.

Yo compartía una habitación pequeña con Sarah y Rose, su hermana mayor. Las chicas y sus hermanos eran mucho más modernos que sus padres, y nunca hablaban de Dios, ni oraban abiertamente. Así que en la noche me metía entre las cobijas, apretaba en mis manos el rosario rojo y blanco de mi padre, y rezaba en silencio. Lo que en realidad quería hacer era gritar: "¡Alabado seas Dios! ¡Te amo! ¿Me escuchas, Señor? ¡Toma mi sufrimiento y dame tu bendición!". Pero nunca me sentí completamente cómoda para hablar con Dios en voz alta y arrodillarme siempre que necesitaba hablar con Él.

Una mañana me levanté mucho antes del amanecer, fui a la sala y me arrodillé frente a una pequeña estatua de la Virgen María que era de la madre de Sarah. "Madre Bendita, eres la única madre que tengo ahora, y necesito que me ayudes a encontrar una manera de hablar con Dios más abiertamente", murmuré, tratando de no despertar la familia. "Sé que Dios escucha nuestras oraciones sin importar dónde estemos o cómo las expresemos. Pero, Madre mía, tú sabes cuánto necesito sentir el amor de Dios a mi alrededor. Son muchas las distracciones que me alejan de Él. Por favor, sé que me ayudarás a encontrar un lugar donde pueda orar todo el día".

Regresé a mi habitación, sabiendo que pronto recibiría una respuesta a mi plegaria.

LA VIRGEN MARÍA SIEMPRE HA SIDO MI SANTA FAVORITA, y desde que pensé en ella como mi madre en el cielo, normalmente recurro a ella cuando siento miedo, soledad o molestias. Siempre que le rezo me siento mejor y siento calidez en mi pecho.

Luego mi mente se remontó a la escuela primaria, cuando una de mis maestras nos leyó una historia en que la Virgen María se había aparecido a tres niños, en una aldea que se llamaba Fátima, en Portugal. ¡Había hablado con ellos y les había confiado mensajes importantes de Dios! Mi imaginación de niña de once años se encendió, y empecé a fantasear sobre lo que haría si llegara a conocer personalmente a María.

Todos pensarían que soy muy especial si la Madre de Dios hablara conmigo, pensé. *Si arreglo un lugar y lo pongo bonito para que ella aparezca, estoy segura de que visitará Ruanda ¡y tal vez hasta visite nuestra casa en Mataba!*

Estaba yo tan emocionada con la idea que estuve despierta la mitad de la noche, planeando la forma en que me prepararía para la llegada de María. En la mañana ya tenía todo planeado, así que fui a casa de mi amiga Jeanette para pedirle que se uniera a mi plan.

"Los niños que la Virgen visitó en Fátima eran pastores, Jeannette, así que vamos a tener que actuar como si nosotros también lo fuéramos", le dije emocionada, explicando mi plan. "Después de clases escalaremos la colina donde mi padre tiene las cabras. Haremos un gran círculo de flores, las más bonitas que encontremos, en la parte más alta de la colina. Cuando María nos vea rezando en un lugar tan bonito, ¡vendrá a hablar con nosotras!".

Mi amiga estaba tan emocionada como yo, pero me señaló un grave error en mi plan: "En Fátima había tres niños, Immaculée, Tal vez María no venga si sólo somos dos".

Jeannete tenía razón. Para remediar este problema, convencimos a su hermanito, Fabrice, para que nos acompañara, aunque era demasiado chico para entender la importancia del histórico papel que le habíamos asignado.

Cada mañana, durante la semana siguiente, los tres seguimos a Mafene, el hombre que cuidaba las cabras y las vacas de mi padre, mientras él llevaba a los animales a pastar. En la cumbre de la colina nos escondíamos detrás de unos arbustos para que Mafene no nos viera cortar las flores y formar un círculo con ellas. Lo malo era que las flores se marchitaban pronto. Decidimos regresar con una pala y sembrar una variedad de las flores más bonitas de Ruanda, formando un gran círculo donde pudiéramos rezar con nuestros rosarios hasta que María apareciera. Creíamos que miles de personas subirían por la colina y se quedarían fuera del círculo para ver nuestras apariciones, como lo habían hecho con los niños de Fátima.

Aunque mis amigos y yo rezamos detrás de los arbustos todos los días, nunca llegamos a plantar el círculo de flores, a pesar de lo importante que era para estar seguros de que la Virgen María viniera a Mataba. Poco después nos cansamos de subir la colina. Supusimos que María estaba demasiado ocupada para venir a nuestra aldea, así que dejamos de ir a la colina para pedirle que viniera.

Tres semanas después, mi padre entró a la casa emocionado con la gran noticia: "¡Ocurrió un milagro!", gritó. "¡La Virgen María se les apareció a tres niñas aquí en Ruanda! Se les apareció en Kibeho, cerca de aquí".

Eso me sorprendió mucho, pero también me sentí desanimada y enojada. ¿Por qué no había yo seguido rezando?, me dije, ¡Debimos plantar el círculo de flores hace tres semanas! Más tarde, Jeannette y yo lloramos por haber perdido nuestra oportunidad. Si sólo hubiéramos plantado las flores, María seguramente habría venido a Mataba, ¡no a Kibeho! Era obvio que ella había visitado a eses niñas por error.

Ahora me parece una historia divertida, pero siempre la recuerdo cuando no dedico suficiente tiempo a la oración o cuando no termino un trabajo que empecé. Fue una lección de mi infancia sobre la importancia de no perder la fe, pues tarde o temprano, todas las oraciones reciben respuesta. También aprendí que no podemos esperar que Dios haga todo lo que le pedimos, sólo porque escucha nuestras oraciones... tenemos que hacer lo que nos corresponde y poner en acción nuestras peticiones.

Kibeho fue un tema de controversia en Ruanda, pues como en el caso de cualquier suceso "milagroso", se cuestionó la autenticidad de las apariciones que empezaron en 1981. Pero después de veinte años de investigación teológica, psicológica y científica, el

Obispo Agustín Misago proclamó que las visiones de la Virgen María en Kibeho eran creíbles. Yo personalmente nunca lo dudé, así como tampoco lo dudaron miles de personas en Ruanda, que como yo, hicieron peregrinaciones a la aldea de 1981 a 1989 para escuchar a la Virgen hablar a través de las tres jovencitas que ella había elegido para transmitir sus mensajes.

Cuando la Virgen habló en Kibeho, dijo que quería que se le conociera como "La Madre de la Palabra", y les pidió a las personas que se amaran unas a otras y que cultivaran de nuevo el hábito de la oración. Advirtió que mucha gente de Ruanda ocultaba en su corazón sentimientos de maldad hacia sus hermanos y que no aceptaban el amor de Dios. "Correrán ríos de sangre en Ruanda, y hasta los que escapen sentirán una eterna tristeza". Pero dijo que las tinieblas podrían evitarse si los pobladores de cada ciudad y de cada aldea tomaban su rosario y rezaban por su país con todo el corazón. A veces, María envió mensajes personales a los líderes de la nación a través de las jóvenes que ella había elegido, pero los líderes se negaron a escuchar.

Si Ruanda hubiera prestado atención a los mensajes de Nuestra Señora de Kibeho, el genocidio podría haberse evitado.

POCO DESPUÉS DE PEDIRLE A LA VIRGEN que me ayudara a encontrar un lugar donde pudiera yo pasar algo de tiempo tranquila con Dios, la madre de Sarah me invitó a ir a misa en una capilla a la que nunca antes había yo ido. Cuando llegamos, supe que Dios había respondido a mis plegarias. La capilla era parte del Centro Christus, un lugar hermoso, dirigido por los Jesuitas, donde se hacían retiros, y que estaba en las afueras de Kigali. Descansaba en un valle angosto, entre dos colinas, con una hermosa vista de las granjas y los campos sin cultivar. Los terrenos del Centro Christus en sí estaban llenos de vida: los monos chillaban en los platanares cercanos, las vacas pastaban en los campos lejanos, y había flores por todas partes. Podía yo sentir el sabor del aire en mi lengua, dulce como el aroma de los crisantemos en flor.

Frente a la capilla, recibí la bienvenida de una hermosa estatua tamaño natural de la Virgen María. "Escuchaste mis plegarias, Madre mía", murmuré con una sonrisa. Sé que me trajiste aquí para que pudiera estar con Dios y con tu Hijo, Jesús. Gracias, Madre mía. Gracias".

La misa fue alegre, y fue la primera vez que escuché cantos de júbilo en una iglesia después del genocidio. Cuando el coro cantó al unísono, sentí que mi cuero cabelludo vibraba con la música. Cantaron un himno, "El día en que yo vea tu rostro, Señor", que era el favorito de mi hermano Damascene, que había sido acólito en la adolescencia. Cerré los ojos y dejé que mi corazón se llenara de la letra y de la música:

> *Llegará el día en que yo vea tu rostro, Señor*
> *Pero ahora sigo tus pasos*
> *Nunca me detendré*
> *Nunca caeré*
> *Pues Tú estás cerca de mí y me guías*
> *Te seguiré, Señor.*

Uno de los momentos de mi vida en que me sentí más orgullosa fue cuando Damascene llevó la cruz de Jesús, encabezando la procesión en la Catedral de Gisenyl, mientras un coro de 600 niños entonaba "El día en que yo vea tu rostro, Señor". Damascene había elevado la vista hacia la cruz con tanta devoción que yo supe que Dios siempre estaría cerca de él, y estoy segura de que lo recibió en el cielo cuando los asesinos lo destrozaron con sus machetes.

Después de misa, caminé por el jardín del Centro Christus, disfrutando los diversos tipos de flores. En un lugar me salí del sendero para ver las flores más de cerca, pero una monja me gritó pidiéndome que me detuviera y que regresara al sendero. "Debes tener cuidado, hija", me advirtió. "Ayer un niño pisó una granada que alguien había lanzado al jardín durante la guerra y la explosión lo mató. Hasta en los lugares más hermosos de Ruanda se vivían tragedias".

"Se derramó mucha sangre aquí cuando empezó la matanza", continuó, acompañándome a un cuarto donde había ocurrido la tragedia. Las paredes y el techo todavía estaban cubiertos de sangre seca, y habían colocado una gran cruz de madera contra la pared.

"Perdimos a diecisiete de nuestros hermanos y hermanas en la primera hora del genocidio", recordó. "Ahora están con Dios".

Elevé una plegaria por los hombres y mujeres que habían sido asesinados en ese horrible cuarto y por el niño que había muerto el día anterior, otra víctima del odio y la violencia que todavía asolaba a Ruanda. *Estréchalos en tus brazos, Señor.*

Al salir de ahí, pregunté si había un lugar cerca del jardín donde yo pudiera estar sola unos minutos: "Hermana, es tan difícil encontrar un lugar tranquilo en Kigali para hablar con Dios", expliqué cuando regresábamos al jardín, "pero aquí hay tanta paz... ¿Hay algún lugar donde pueda yo sentarme sola por un rato y orar?".

"Claro que sí, querida, tenemos exactamente lo que necesitas".

La religiosa me llevó a un edificio en el que había habitaciones estrechas a la orilla del jardín, y me dijo: "El Centro Christus era famoso en Ruanda por tener lo que estás buscando. La gente, y en especial los sacerdotes, venían aquí de todo el país cuando querían volver a estar cerca de Dios. Pero nadie ha regresado después de los asesinatos. Solíamos recibir algo de dinero por la renta de los cuartos, pero si no tienes dinero, Dios proveerá". Me sonrió con dulzura y abrió la puerta del cuarto que estaba más cerca del jardín.

Las paredes eran viejas y estaban cuarteadas, pero estaban muy limpias y había una ventana grande con vista al valle en el que se podía admirar un panorama espectacular de la campiña. El mobiliario era modesto: una cama, una silla y una mesita, y el espacio era tan pequeño como el baño del pastor. Pero no había otras siete mujeres encima de mí, así que me sentía como en un palacio.

Era mi propio cuarto, y llegaría a ser mi refugio espiritual durante los meses siguientes. Tenía dos adornos modestos: un tapetito rectangular para hacer oración al lado de la cama, y un cuadro en la pared en el que se leía este mensaje: "Detrás de toda historia de amor verdadero hay una historia de gran paciencia".

Suspiré de felicidad, sabiendo que éste era exactamente el lugar donde mi corazón y mi alma necesitaban estar.

Capítulo 4

Paz y oración

Nadie entraba a mi cuarto en el Centro Christus, sólo Dios y yo. Era mi sala de oración privada, y me perdía en ella siempre que podía hacerlo. A veces deseaba tanto ir allá que empacaba una maleta en la casa de Sarah el jueves en la noche, para poder irme a Christus el viernes, directamente del trabajo y quedarme ahí hasta el domingo por la noche. Siempre que llegaba a Christus, mi primera oración era de gratitud. *Gracias, Dios mío por darle un nuevo aliento de vida a mi corazón. Consérvalo limpio, libre de odio, y siempre dispuesto a perdonar.*

Al principio, la libertad de tener mi propio cuarto me intimidaba, incluso me abrumaba. Seguramente mis lágrimas sabían que nadie me estaba observando porque brotaban de mis ojos en cuanto yo cerraba la puerta. Por eso, los primeros fines de semana que pasé en Christus fueron llorosos. Estar completamente sola con Dios me provocó una profunda liberación emocional a medida que los recuerdos dolorosos que había yo reprimido durante tanto tiempo llegaban a mi nivel consciente. A veces caía en un llanto histérico por todo lo que había yo perdido; pero aun así sabía que todas esas lágrimas tenían que salir. También sabía con certeza absoluta que Dios no quiere que soportemos tanto dolor a lo largo de nuestra vida.

Después de llorar por largo rato y liberarme, me sentaba frente a mi ventana y contemplaba los campos, preguntándome lo que significaba ser verdaderamente feliz. Mi vida había sido feliz antes del genocidio, como lo habían sido las vidas de mis familiares y amigos. ¿Pero había sido una felicidad verdadera cuando otros pudieron arrebatárnosla con tanta facilidad? Algunos de los hombres y mujeres con los que yo trabajaba en la ONU parecían disfrutar plenamente el romance o el ir de compras, ¿pero era posible que la felicidad genuina dependiera de encontrar placeres físicos, de satisfacer los deseos de otros o de gastar dinero a lo loco? Hasta aquellos que antes del genocidio, habían encontrado la felicidad celebrando a Dios en la iglesia, ahora se sentaban tristes en las bancas, entonando suavemente himnos gloriosos con una actitud de monotonía sombría.

Cuanto más reflexionaba acerca de la felicidad, más desesperación sentía, pensando que la felicidad había desaparecido de Ruanda para siempre, pues ya no era posible encontrar algo de luz en ninguna parte. *¿Cómo podremos sanar sin risas ni sonrisas?*, me preguntaba. *¿Pero cómo podremos reír después de esa carnicería, cuando los cuerpos todavía yacen en las calles y mueren niños por las explosiones de las granadas olvidadas?*

Sin embargo, Dios espera que seamos felices, y que encontremos la felicidad, llenando nuestros corazones de su amor. En el Evangelio de Juan 15: 9-11, Jesús nos dice: "Yo los amo como el Padre me ha amado. Permanezcan en mi amor. Si obedecen mis mandamientos, se mantendrán en mi amor, como yo he obedecido los mandamientos de mi Padre y sigo en su amor. Les digo esto para que mi dicha esté en ustedes y su dicha sea completa".

Pero las personas habían olvidado cómo encontrar el amor de Dios; no podían elevar su corazón a Él cuando el dolor las oprimía. *¿Podrán los habitantes de Ruanda volver a conocer Tu amor y Tu gozo, Señor?*, oraba yo. *¿Cómo puedo servirte en esto?*

Recargué la cabeza en la mesa, usando mi Biblia como el cojín de mis pensamientos y de mi mente. Todas las respuestas que buscaba estaban ahí, en la Palabra de Dios. Elevé la vista y pude ver los rayos del sol, entrando por la ventana y noté que le daban calidez a mi piel. Entendí que así como las flores del jardín buscaban la luz para llenarse de su energía, *Dios mío, Tú eres el sol. Tú eres nuestra luz, nuestro sustento.*

Pude sentir su presencia en todas partes, desde el sutil aroma de una nueva vida gestándose en la húmeda tierra del jardín, hasta la suave brisa que baña el valle y acaricia mi rostro. La infinita magnitud de la Creación me ayudó a ver el contexto de mi tristeza. *El poder de Dios es tan vasto y mi fuerza es tan pequeña,* pensé. *¿Por qué lucho sola con mi angustia si junto a mí está un Dios listo para ayudarme cuando elevo una plegaria?* La respuesta estaba en la Biblia, y yo la conocía muy bien. No tenía que luchar sola.

Me acosté cuan larga era en la cama, relajé mis músculos y empecé un ejercicio espiritual que había aprendido en mi grupo de oración de la universidad y que se llama "abandono". Respirando lenta y profundamente, cerré los ojos y abrí mi corazón al Espíritu Santo; permití que mis pensamientos se elevaran al cielo. Oré lentamente, haciendo una pausa después de cada frase para escuchar la voz de Dios en el silencio. "Señor, ven a mi vida y toma mi dolor", dije en voz alta. Abandono todo en tus manos: cada sufrimiento y tristeza, cada dolor, cada duda y cada lágrima. Te entrego el dolor de mi corazón; lléname con tu amor. Padre, Padre, Padre, Padre.

Repetí "Padre" muchas veces hasta que me quedé dormida. Cuando desperté me sentía tan ligera que parecía que estaba flotando hacia el techo. Me preocupé porque pensé que si no me agarraba de la cama flotaría por la ventana y por todo el valle. Dios había vaciado mi alma de toda tristeza; mis ojos estaban secos, y mis labios estaban sonriendo. Estaba feliz.

EL CENTRO CHRISTUS LLEGÓ A SER UN REFUGIO ESPIRITUAL DEL QUE NUNCA QUERÍA SALIR. Pasaba ahí todos los fines de semana, y a veces una o dos noches entre semana, alejada de todo en mi cuartito. Casi siempre estaba sentada junto a la ventana, rezando con el rosario de mi padre, o salía a sentarme en el jardín a leer la Biblia.

A veces parecía que mi habilidad para alejarme del mundo y concentrarme en Dios era casi absoluta. Nadie tocaba a mi puerta, nadie venía a visitarme, y los trabajadores no me interrumpían cuando meditaba en el jardín. Los que venían al Centro Christus querían estar en comunión con Dios, y todos tenían la cortesía de no interrumpir a sus compañeros. Hasta las comidas en la cafetería tenían un toque de reflexión y paz; el personal de la cocina servía la comida y retiraba los platos en silencio.

Sin embargo, algo interrumpió mi paz una tranquila tarde de sábado. Estaba yo leyendo la Biblia en el jardín cuando noté la presencia de un sacerdote de edad madura frente a la estatua de la Virgen María. Sin pensarlo, grité tan fuerte que me dolió la garganta: "*¡Padre Bugingo! ¡Padre Bugingo!*".

Me puse de pie de un salto, corrí hacia la estatua tan rápido como pude, cruzando el césped a pasos de gigante. "¡Padre Bugingo!", grité. "¿Es usted realmente?".

"¡Immaculée! Me da tanto gusto verte, hija", dijo el sacerdote con afecto, ofreciéndome su mano derecha como saludo.

Yo quería saltar a sus brazos y apretarlo entre los míos con todas mis fuerzas, pero recapacité. Estreché su mano y respondí: "Gracias a Dios que está usted vivo, Padre".

El Padre Jean Baptiste Bugingo era uno de los sacerdotes más queridos que daban charlas en mi colegio. Era profesor en el seminario que estaba en el colegio de Damascene, que no estaba lejos del colegio para señoritas al que yo asistía, y a veces los sacerdotes del seminario recibían invitaciones para decir misa al atardecer en nuestra capilla. Siempre era maravilloso tener un orador invitado, pero la noticia de que vendría el Padre Bugingo causaba conmoción en el campus. Las chicas se aglomeraban en los baños antes de la misa para arreglarse el pelo y el maquillaje, cosa que la Madre Superiora no aprobaba. De hecho, la primera vez que escuché el nombre del Padre Bugingo fue cuando dos de mis compañeras discutían sobre cuál captaría más su atención.

"La última vez que estuvo aquí, me miró tres veces durante la misa. Estoy segura de que sabe lo piadosa que soy". Argumentó una chica llamada Josephine.

"Por favor", protestó su amiga Marianne con una carcajada. "Conozco personalmente al Padre Bugingo, y le dije exactamente cuántas veces rezo. Voy a asegurarme de estar en primera fila cuando él llegue para que sepa que estoy ahí".

Era toda una conmoción, pero cuando la misa finalmente comenzó, yo no entendía lo que estaba pasando *¿Por qué hacen tanto escándalo acerca del Padre Bugingo?*, me preguntaba, sacudiendo la cabeza, cuando un hombre muy delgado y bastante sencillo entró a la capilla. *¿Por qué actúan como si se tratara de un galán de la pantalla o algo así?*

Pero en cuanto empezó a hablar, al instante me convertí en miembro de su club de admiradoras. Nunca antes había yo oído a nadie hablar sobre el amor con tanta elocuencia, convicción y pasión; y sus palabras me cautivaron.

"Nuestro deseo de amor es un sello en nuestro corazón desde antes de nacer. ¡No debemos borrarlo! Dios te conoció en el vientre de tu madre, y sembró en tu alma la capacidad de amar antes de tu primer aliento de vida. Debes cultivar esa semilla, permitiendo que crezca y se fortalezca en tu interior. Debes amar a tu familia y a tus vecinos; sobre todo, debes amar a Dios. Él no sólo quiere que ames; te lo ordena. ¡Te lo ordena!". El Padre Bugingo emanaba entusiasmo, su penetrante voz llegaba a las boquiabiertas chicas de la parroquia como una onda hipnótica.

En su sermón, el sacerdote dijo que la fe y el amor pueden vencer al mal y a la desesperación, usando como ejemplo a Martin Gray, un sobreviviente del holocausto judío, cuyo corazón se llenó de fe para soportarlo todo. Aunque yo era una de las mejores estudiantes, nunca antes había oído hablar del holocausto judío. Después atribuí esa laguna en mi educación a los políticos extremistas Hutus que habían creado los planes de estudio; nos mantuvieron ignorantes de un genocidio para poder hacernos víctimas de su propio genocidio.

El Padre Bugingo nos habló del compromiso de Martin Gray de llevar una vida impulsada por el amor, incluso después de presenciar las horribles muertes de su madre y sus dos hermanos en un campo de concentración nazi. Años más tarde, Gray perdió a su esposa y a sus cuatro hijos en un incendio forestal y nunca se dio por vencido.

"Martin Gray ha vivido su vida con amor", predicaba el Padre Bugingo. "No lo venció el horror del genocidio, y no se dejó motivar por el odio y la venganza después de haber escapado. Dejó vivir a su corazón y formó su propia familia. Cuando el fuego destruyó a sus seres queridos, no cayó en la desesperación. La vida no borró el amor que Dios había grabado en su corazón, sin importar cuánto sufrimiento tuviera que enfrentar. Sigan su ejemplo; vivan la vida como la vivió Martin Gray".

Después de ese sermón, todas las chicas rodearon a este sacerdote tan especial fuera de la capilla. Muchas de ellas tenían la esperanza de poder abrazarlo y besarlo en la mejilla, pero él las mantuvo a distancia. "No olviden que soy un sacerdote, señoritas", dijo sonriente. "Un apretón de manos es lo único que puedo permitir. Entreguen su afecto a Dios y a sus compañeras".

Al paso de los años me mantuve en contacto con el Padre Bugingo a través de mi hermano Damascene, quien bromeaba conmigo diciendo que yo estaba enamorada del buen sacerdote. En cierta forma Damascene tenía razón; yo amaba la enorme fe que el Padre Bugingo tenía en el amor y su pasión por Dios. Su sermón me había conmovido tan profundamente que lo consultaba en todas mis dudas sobre la fe. Incluso ahora él sigue siendo uno de los consejeros espirituales en quienes más he confiado.

Cuando lo encontré en el Centro Christus, estaba maravillada de poder ver a alguien más que había sobrevivido, en especial alguien por quien sentía un afecto tan grande.

Nos sentamos a charlar en el jardín por el resto de la tarde, y le confié todo lo que sentía: el miedo a ser perseguida; la pérdida de mi familia; mi ira y mis dudas; mi depresión y mis pensamientos de suicidio; y por supuesto, la forma en que Dios me seguía sanando.

El Padre Bugingo me dijo cómo el *Interahamwe* había entrado por la fuerza a su iglesia y había asesinado a todos los feligreses Tutsis. Él pudo sobrevivir gracias a la bondad de una monja anciana de nacionalidad belga que arriesgó su vida ocultándolo en el techo de su casa. Había un precio por la cabeza del Padre Bugingo, pues era un Tutsi muy respetado, y el *Interahamwe* lo perseguía día y noche. Pero con la ayuda de Dios, pudo caminar varias millas para llegar a un lugar seguro, sin ser visto por los asesinos. También supo de la muerte de su familia: sus padres, su hermana y sus sobrinas; todos habían muerto en la masacre.

El dolor del Padre Buringo era tan grande como el mío, así que no me atreví a pedirle el consejo que necesitaba con tanta desesperación, pero él era un sacerdote tan intuitivo y un terapeuta nato, así que me miró directamente a los ojos y lo supo: "¿Cómo puedo ayudarte?", me preguntó suavemente, poniendo su mano sobre la mía.

"Padre, encuentro mucha paz sentada en este jardín con usted, pero me es muy difícil vivir en este país ahora. Ruanda se ha vuelto tan horrible, sólo quiero quedarme en el jardín o sentarme en mi cuarto a rezar. No quiero salir de aquí nunca".

"A todos nos gustaría hacer eso", respondió, "pero no podemos ocultarnos de lo que sucedió. Recuerda que no estás tan lastimada como la mayoría de los sobrevivientes, y Dios necesita tu fuerza para ayudar a otros. Hay ocasiones en que yo he sentido el impulso de dejar atrás todo este dolor. No es fácil ser sacerdote en Ruanda ahora. La gente ve mi cuello sacerdotal y grita: '¿Dónde estaba Dios cuando mi familia fue asesinada? ¿Dónde estaba Jesús cuando violaban a mi hija? ¿Por qué Dios abandonó a Ruanda?'".

"También yo he escuchado a la gente decir eso, Padre".

"Dios no abandonó a nuestro país, Immaculée. Él estuvo con nosotros todo el tiempo, sintiendo el dolor de cada víctima. Sigue con nosotros; está con los heridos, con los perdidos, con los que lloran la muerte de sus seres queridos. Sí, las cosas son horribles en Ruanda, pero la belleza de Dios sigue viva aquí. Y la vas a encontrar en el amor".

"¡Pero toda mi familia está muerta! ¿A quién puedo amar ahora?".

"Vuelve al mundo y encuentra a alguien a quien puedas bendecir con ese mismo tipo de amor", me dijo. "Dale amor a alguien que no lo tiene, como a las personas sin hogar, a los enfermos o a los huérfanos. Busca la belleza de Dios en los ojos de un niño o una niña. Encuentra un niño cuyo corazón esté destrozado y dale felicidad. Recuerda, todo amor empieza con una sonrisa".

Capítulo 5

El poder del amor incondicional

L as palabras del Padre Bugingo me conmovieron profundamente. Había una gran verdad en lo que había dicho sobre encontrar el amor dándolo a los débiles, a los solitarios y a los pobres. Mi hermano Damascene, por ejemplo, podía hacerlo en los lugares y con los corazones que la mayoría de la gente evitaba.

El buen humor de Damascene, su ágil inteligencia y su personalidad desenvuelta hacían que fuera uno de los jóvenes más populares de la región. Disfrutaba tanto de la vida que todos querían estar con él y compartir su felicidad. Siempre que regresaba a casa del colegio durante las vacaciones, la gente llegaba de todas partes para verlo. Recibía incontables invitaciones y constantemente tenía visitas en nuestra casa. Si mis otros hermanos y yo no lo hubiéramos querido tanto, estoy segura de que habríamos estado celosos.

"¿Qué haces para que tanta gente te quiera, Damascene? ¿Les estás regalando todo nuestro dinero?", bromeaba mi madre. Estaba muy orgullosa del carisma de su hijo y sabía que lo que atraía a la gente hacia él era su gran corazón.

"Me visitan para poder verte", respondía Damascene, cerrándole un ojo a mi madre. Nunca se jactó, ni presumió de su popularidad, y ofrecía su amistad con generosidad; se sentía tan cómodo hablando con profesionistas o sacerdotes, como cuando hablaba con los pobres o los enfermos. A menudo desaparecía por horas, visitando a quienes no tenían amigos.

Damascene nunca le mencionaba estas visitas a nadie, y yo sólo me enteré de ellas cuando me topé con Nyinawindinda, una vagabunda de la aldea que vivía en un hospicio y estaba tan sucia que atraía a las moscas. Cuando vi que llevaba puesta una de las mejores camisas de mi hermano, le pregunté dónde la había encontrado, pensando que alguien podría haber atacado a Damascene camino a casa o que él hubiera perdido su maleta.

"Tu hermano es un muchacho tan bueno, Immaculée", respondió. "Siempre me trae regalos tan bonitos".

Cuando le pregunté a Damascene sobre la camisa, me dijo que se la había dado a Nyinawindinda porque no tenía dinero en el bolsillo cuando la fue a ver. Él no sabía que los padres de Nyinawindinda le habían dejado una de las propiedades más grandes de la zona. Mi familia nunca se cansó de bromear con Damascene después de que Nyinawindinda se presentó en la casa un día porque quería transferir esa propiedad a Damascene por lo bueno que había sido con ella.

"Damascene es mi único amigo y quiero darle un regalo", le dijo Nyinawindinda a mi padre, después de que él le explicó que Damascene no podía aceptar un regalo tan caro. Más tarde descubrí que mi hermano tenía muchos amigos como Nyinawindinda, pero nunca hablaba de ellos. Amaba incondicionalmente y en respuesta recibía un amor incondicional.

LA NOCHE QUE HABLÉ CON EL PADRE BUGINGO, Damascene me visitó en un sueño, como lo había hecho tantas veces después del genocidio, cuando mi corazón sufría. A menudo me sonreía y me decía que dejara de llorar porque él podía escuchar mis sollozos en el cielo. A veces yo despertaba riendo porque él parecía muy molesto por haber tenido que salir del paraíso para venir a consolar a su hermanita. Pero al final de cada sueño siempre me decía algo como: "Immaculée, ya no estés tan triste, ¿no sabes que mamá, papá, Vianney y yo no hemos muerto? Estamos vivos y te veremos pronto".

Pero esa noche en particular, mi hermano no dijo nada; sólo se me apareció con dos muchachos que estaban uno a cada lado de él. Me recordaron a los dos hermanos huérfanos que cuidé cuando estaba en el campo de refugiados francés. Los quise mucho, pero les había perdido la pista después de que los mandaron a otro campo de refugiados. En el sueño, estaban felices y seguros con Damascene.

A la mañana siguiente, después de la misa dominical, me topé con un joven que estaba frente a la estatua de la Virgen María. Parecía conocido, así que le sonreí y seguí mi camino.

"¿Qué te pasa, Immaculée, no me reconoces?".

Por segunda vez en dos días, interrumpí la paz y la tranquilidad de Christus con un grito de felicidad. "¡Ganza, tú también te salvaste! ¡Es maravilloso verte!", exclamé al reconocer a un pariente que no había visto en mucho tiempo.

Ganza Jean Baptiste era un primo de la familia de mi madre que había crecido en Goma, una población de Zaire que está en la frontera con Ruanda, al norte del lago Kivu. Los padres de Ganza habían huido a Goma durante la Revolución de 1959, y vivían demasiado lejos para poder visitarlos. Pero cuando la familia de Ganza regresó a Ruanda, siendo él un adolescente, nos hicimos buenos amigos. Ahora él estaba tan contento como yo de encontrar un pariente vivo, pero sus ojos me revelaron que estaba viviendo la misma tragedia que el resto de nosotros.

Empecé a hacerle preguntas: "¿Qué estás haciendo aquí? ¿Dónde están tus hermanas? ¿Cómo sobreviviste?".

Resulta que Ganza estaba enseñando francés en un colegio jesuita en Zaire cuando empezó el genocidio. Después volvió a Ruanda y supo que su madre y muchos de sus parientes y amigos habían sido asesinados. Le estreché la mano; compartíamos el mismo dolor. Hablamos de lo que había sucedido en nuestro país, en nuestra vida, y de lo que les había pasado a nuestros seres queridos. Su padre había muerto hacía varios años, y al igual que yo, Ganza había quedado huérfano a causa del holocausto. Milagrosamente, ambos llegamos al Centro Christus para estar cerca de Dios.

"Después de lo que sucedió, lo único que sentí fue odio", explicó Ganza. "Mi vida había terminado, y no podía ver hacia el futuro. Pero un día supe que Dios era el único camino y por eso estoy aquí. Vine a estudiar con los Jesuitas porque Dios me ha llamado. Voy a ser sacerdote, Immaculée".

Lo abracé y le dije: "Tu mamá estaría muy orgullosa de ti".

Ruanda necesitaba nuevos sacerdotes y pastores. El genocidio había convertido a los miembros del clero en asesinos y en víctimas; y las iglesias, que siempre habían sido un santuario para los Tutsis en conflictos anteriores, se convirtieron en uno de los peores centros del país para la masacre. Comunidades enteras habían sido traicionadas por los líderes de sus iglesias y miles de personas habían sido masacradas en las bancas de las iglesias.

Por eso no era sorprendente que las misas a las que asistí después del genocidio carecieran de sentimiento. Mucha gente había perdido la fe en Ruanda; las iglesias, que eran la casa de Dios, habían ardido igual que todo el país. Ahora necesitaba nuevos hombres y mujeres que realmente amaran al Señor para reconstruir sus iglesias y su fe. Ruanda necesitaba gente como mi primo.

"Serás un buen soldado de Dios, Ganza. Ayudarás a volver a traer la luz".

"No todos quieren que yo haga esto", respondió. "Mis hermanos y hermanas que sobrevivieron quieren que olvide a Dios y me busque una esposa. Quieren que tenga hijos y ayude a reconstruir la familia".

"Cuando seas sacerdote tendrás muchos hijos".

"Ya tengo muchos hijos ahora, Immaculée. Dedico mucho tiempo a los huérfanos de la Madre Teresa. Deberías ir a visitarlos porque necesitan todo el amor que puedan recibir".

De pronto, sentí la presencia de Dios a mi alrededor. El Padre Bugingo me había dicho que le diera amor a un niño huérfano, Damascene me había mostrado a mis dos niños huérfanos, y ahora Ganza me mandaba a otro orfanato.

Miré la estatua de la Virgen María. *Dios de hecho trabaja en forma misteriosa*, pensé, *pero a veces hace las cosas muy obvias*.

ESA TARDE CAMINÉ POR LAS COLINAS DE KIGALI para ir desde el Centro Christus hasta la Casa de la Esperanza, el orfanato del que mi primo me había hablado y que estaba a cargo de las Misioneras de la Caridad de la Madre Teresa de Calcuta. Toda la gente que detuve para preguntarle dónde estaba, se referían a él simplemente como el lugar de la "Madre Teresa"

"Madre Teresa", murmuré. Era un nombre que me encantaba decir en voz alta.

Cuando estaba yo en el colegio, mis compañeras bromeaban conmigo amistosamente porque decían que rezaba demasiado. Aunque me gustaba cantar y bailar con ellas, adquirí la reputación de ser demasiado piadosa y estar siempre en contacto con Dios. Cuando eso se supo por todo el colegio, me pidieron que me quedara después de clases para hablar con una de las monjas. No podía imaginar para qué, pero pensé que estaba en problemas.

"Entiendo que pasas mucho tiempo rezando, Immaculée", me dijo la Hermana Michelle.

"Es cierto, pero no veo por qué eso tenga algo de malo".

"¡No seas tonta! Claro que no tiene nada de malo rezar", dijo con una amplia sonrisa y puso un casete sobre la mesa, frente a mí. "No sé si debas ser religiosa, pero definitivamente creo que tienes una vocación especial. Dios tiene algo en mente para ti, así que nunca te de pena hablar con Él mediante la oración. No sabes cuándo Dios podría decirte qué es lo que espera de ti. Puedo garantizarte que algún día Dios será el único amigo con quien puedas hablar. De todos modos, escucha esta cinta; si te gusta, te puedo conseguir otra".

La cinta era sobre la vida de San Francisco de Asís, y captó mi atención de inmediato. Resulta que la Hermana Michelle tenía una gran colección de cintas sobre los santos; en dos semanas había yo escuchado las biografías de Santa Juana de Arco, San Agustín y Santa Teresita de Lisieux. Y no dejaba de acosar a la hermana Michelle para que me diera más.

Cuando agoté su colección (y su paciencia), me dio un libro sobre la Madre Teresa y me dijo: "Les escribí a mis amigos en Bélgica para pedirles cintas nuevas, pero mientras me llegan, trata de leer sobre la Madre Teresa. Creo que te inspirará tanto como los santos.

La Hermana Michelle estaba en lo correcto. Después de leer sobre la devoción de la Madre Teresa a Dios y a su trabajo con los pobres, sentí que era como una santa viviente. De hecho, ese año viajó a África para establecer las primeras casas de su orden, las Misioneras de la Caridad, en varios países.

¡Incluso la Madre Teresa viajó a Ruanda! Durante su visita a Kigali, los funcionarios de la iglesia la llevaron a la cumbre de la colina más alta de la ciudad para que pudiera ver los campanarios de las iglesias más hermosas. Ella señaló un valle, donde los techos de las chozas se extendían a lo largo de doce calles de la ciudad y preguntó: "¿Qué es eso?".

"Estamos trabajando para acabar con eso, Madre", dijo uno de los funcionarios. "Estamos tratando de mejorar el nivel de vida de la gente, y ése es el barrio pobre más grande de la ciudad".

"Entonces, ahí es donde dormiré esta noche", dijo, y pidió que la llevaran allá de inmediato.

Al parecer, los funcionarios pensaron que dormir en un barrio bajo de Kigali sería más peligroso que dormir en un barrio bajo de Calcuta, así que no hicieron lo que la Madre Teresa les pidió. Pero nunca olvidé ese relato, como tampoco olvidé las palabras que ella usó para describir la misión que había elegido para su orden cuando la fundó en Calcuta, en 1950. Les dijo a sus seguidoras que si se quedaban con ella, tenían que amar y cuidar a "los hambrientos, a los desnudos, a los que no tienen hogar, a los lisiados, a los ciegos, a los leprosos, a todos los que se sienten indeseados, sin amor, sin tener quién los cuide en la sociedad, gente que se ha convertido en una carga para la sociedad y que todos rechazan".

Descansé por un momento en la cumbre de la última colina que tenía que escalar para llegar al orfanato. Al mirar hacia Kigali, pude ver el barrio pobre que la Madre Teresa había visto hacía años. Pero ahora toda la ciudad era un barrio bajo; todos vivían en el dolor, en la pobreza y en la enfermedad.

Caminé y me deslicé, bajando por la empinada colina hacia la gran puerta azul del orfanato, y luego toqué sus barrotes de metal.

"¿Estás bien, niña? ¿Tienes problemas? ¿Necesitas ayuda?", preguntó la amable monja que abrió la puerta. Vestía el hábito azul y blanco de la Madre Teresa, el mismo que visten todas las monjas que pertenecen a la orden de las Misioneras de la Caridad.

"No, Hermana, estoy bien", respondí. "Mi primo Ganza me habló de este orfanato, y quiero visitar a los niños. ¿Me podría permitir verlos?".

La Hermana me invitó a pasar y le pidió a otra que les dijera a los niños que tenían visita. Mientras hablábamos en el patio, pude ver que la situación en el orfanato era desesperada. El suelo estaba lleno de escombros y vidrios rotos, y había rastros de los bombardeos de la guerra. Estaba nublado y la tenue luz de la tarde llenaba el orfanato con una tristeza que yo podía sentir en los huesos; una sensación que contrastaba con el amigable rostro de la religiosa.

Ella siguió mi mirada mientras yo veía el desolado patio y comentó: "Hacemos lo que podemos. Todos los días abandonan niños y recién nacidos en nuestra puerta. Son tantos. Hacemos por ellos lo que podemos, con lo que Dios nos da, pero lo único que podemos darles ahora es algo de comida y mucho amor. Lo que más necesitan es amor, así que espero que tengas mucho amor que dar".

Al final del patio había una estatua de la hermosa Virgen María, vestía el hábito azul y blanco de la Madre Teresa. Miré al bebé que ella llevaba en brazos, sonreí y oré en silencio: *Gracias por guiarme a este lugar, Madre mía; sé que tú siempre me cuidas. Por favor ayúdame a hacer algo por estos niños.* Luego dije en voz alta: "Sí, Hermana, traje conmigo todo mi amor".

Volvió la otra Hermana y me llevó por varios cuartos construidos con bloques de concreto color ceniza en los que estaban las angostas camas. Cuando mis ojos se acostumbraron a la penumbra, pude ver que había docenas de niños que me miraban desde las camas.

"Hay tantos niños y tan pocas camas Estos son algunos de nuestros niños más enfermos", explicó la Hermana. Nos detuvimos junto la cama de un niño al que un machete le había arrancado un brazo, y tenía el muñón envuelto en una gasa ensangrentada.

"Hola amiguito", le dije sentándome junto a él y estrechándole la mano.

Me miró directamente a los ojos. No tenía lágrimas; sus ojos eran inexpresivos.

"No te preocupes", le dije. "No tienes que decir nada. Tendremos mucho tiempo para hablar después. Voy a venir seguido a verte".

El niño sonrió levemente, recargó su cabeza en mi brazo y apretó mi mano.

"Si haces lo que prometiste, si nos visitas con frecuencia, serás una amiga que recibiremos con gusto", me dijo la Hermana. "Puedes traer ropa y comida, pero asegúrate de siempre traer amor. Si puedes poner una sonrisa en el rostro de cada niño, tendrás nuestra bendición".

Luego me llevó a otros cuartos llenos de niños enfermos y heridos. Tuve en mis brazos a niños cuyos pulmones estaban llenos de líquido, cuya piel estaba llena de llagas, y cuyos ojos habían perdido la vista a causa de un virus que los violadores del *Interahamwe* habían pasado a sus madres.

"Encontramos un bebé con SIDA en la puerta varias veces a la semana", dijo la Hermana. Yo sabía que en los años por venir Ruanda estaría llena de niños nacidos después del genocidio, con la enfermedad que los impulsores del exterminio étnico usaron como arma.

"Nunca rechazamos a nadie, sin importar su edad o la enfermedad que sufra", continuó, llevándome a un cuarto más grande para ver a otro grupo de niños. "No quiero que te abrume la tristeza en tu primera visita. Debes saber que donde quiera que haya niños, puedes encontrar al menos algo de felicidad. La felicidad es como una planta; con un poco de luz puede crecer en cualquier parte".

Al entrar a la sala común más importante, escuché un grito de alegría que elevó mi espíritu hasta el techo.

Aproximadamente 200 niños, la mayoría menores de siete años, formaron un semicírculo para saludarme. Una Hermana levantó la mano, y los niños empezaron a cantar:

> *Bienvenida, buena visitante,*
> *bienvenida buena visitante,*
> *Eres bienvenida a nuestra casa.*
> *Bienvenida, buena visitante,*
> *bienvenida buena visitante,*
> *Queremos que sientas que*
> *ésta también es tu casa.*

Al terminar la canción, los niños volvieron a gritar con alegría, y el semicírculo se cerró a mi alrededor. Durante las horas siguientes, corrí y jugué como si yo fuera también una niña: canté, salté a la cuerda y les leí cuentos a tantos niños y niñas como me fue pasible. Cuando sonó la campana de la cena, yo estaba agotada físicamente, pero llena de energía espiritual.

Cerré los ojos, escuché las risas a mi alrededor y pensé: *Gracias, Madre mía por traerme aquí y gracias Jesús, por estos niños.*

Cuando la Hermana me acompañó a la salida del orfanato, puso su mano en mi hombro y me miró directamente a los ojos. "No olvides que hiciste la promesa de volver pronto. Hoy les diste algo a estos niños; no te lo lleves contigo".

"Hermana, estos niños me han dado más a mí de lo que alguna vez podré regresarles", respondí. "Éste es mi nuevo hogar. Volveré mañana después del trabajo, y vendré siempre que pueda".

Empecé a despedirme y me di cuenta de que no sabía el nombre de ninguno de los niños.

"¡Espere Hermana!", exclamé cuando se cerraba la puerta. "¡No sé los nombres de los niños!".

"Aquí los nombres no importan, hija mía. Todos son hijos de Dios".

Capítulo 6

Un nuevo tipo de dolor del corazón

El horror y el dolor del genocidio llevó a una de mis amigas de toda la vida a la locura, como en el caso de muchos habitantes de Ruanda.

Cuando éramos niñas y crecíamos en Mataba, Jeanette y yo habíamos sido excelentes compañeras y confidentes, y ella me llamaba "Imma" de cariño. Como yo tenía tres hermanos, deseaba el vínculo especial que había visto entre las hermanas. Jeanette y yo nos queríamos tanto que no nos era difícil actuar como si lo fuéramos; llegamos a tener una amistad tan fuerte que se nos olvidó que en realidad no éramos hermanas.

Como ya he dicho, Jeanette se había unido a mi plan de hacer que la Virgen se nos apareciera. En otra ocasión decidimos huir y entrar a un convento, pero el sacerdote encargado nos dijo que volviéramos cuando tuviéramos 18 años. Siempre nos esforzamos por portarnos bien, no para ganarnos a los maestros o a nuestros padres, sino para que Dios y la Virgen estuvieran orgullosos de nosotros.

Jeanette no era la mejor estudiante del pueblo, pero se esforzaba más que nadie para tener buenas calificaciones. Cuando no estábamos buscando aventuras juntas, yo le pedía que estudiara conmigo. Cuando otros niños se burlaban por sus malas calificaciones, yo me enojaba mucho y la defendía. Nadie se atrevía a molestarla cuando yo estaba cerca. Una de las razones que yo tenía para estudiar era conseguir un buen trabajo cuando creciera y poder ayudar a Jeanette.

"Las hermanas deben vivir juntas", decíamos, prometiendo que siempre estaríamos juntas.

Aunque al paso del tiempo forjé otras amistades, Jeanette y yo nos mantuvimos muy unidas hasta que dejé la aldea para ir al colegio. E incluso entonces, estuvimos en contacto escribiéndonos cartas, y pasábamos mucho tiempo juntas en las vacaciones.

Jeanette estaba en la universidad en Zaire cuando empezó el genocidio, y eso le salvó la vida. Pero sus padres y sus seis hermanos, además de muchos tíos, tías, primos, y sobrinos, fueron asesinados. Fue la única de su familia que sobrevivió, la última de su línea familiar.

Cuando me enteré de que mi amiga estaba en Kigali, fui a verla de inmediato. Estaba yo muy emocionada al pensar que podríamos hacer realidad nuestro sueño infantil de ser hermanas y finalmente vivir juntas.

Ella vivía en una pensión, y en cuanto entré por la puerta la abracé con todas mis fuerzas. Pero por alguna razón ella no me abrazó; de hecho era como un peso muerto en mis brazos. Yo estaba llorando de alegría, pero sus ojos permanecieron secos.

Bueno, debe estar cansada, me dije, y nos sentamos en la orilla de su cama.

Empecé a hablar sin parar sobre las cosas horribles que habían sucedido desde la última vez que nos habíamos visto: lo que le había pasado a nuestras familias y a todos nuestros amigos, los problema que ahora se vivían en Mataba, lo que estaba pasando en Ruanda, todo. Luego le hablé de las cosas buenas que me habían pasado; cómo había yo descubierto a Dios y el poder del perdón, el campo de refugiados francés, y mi trabajo en la ONU.

Hablé sin parar, pero Jeanette no dijo una palabra. Se quedó con la mirada perdida, torciendo un rizo de su cabello, asintiendo cuando yo hacía una pausa en mi conversación para respirar. Al poco rato tuve miedo de dejar de hablar; sentía que si permitía que llegara el silencio entre nosotros ocurriría algo malo. A lo largo de todos los años que nos habíamos conocido, nunca me había sentido incómoda cerca de Jeannete. Pero ahora me sentía nerviosa, temerosa de descubrir lo que le estaba pasando.

Finalmente, se me acabaron los temas de conversación. Puse mis manos sobre sus hombros y la puse frente a mí hasta que pude mirar sus ojos. Estaban vacíos. Ésta no era la chica que yo conocía y amaba, la chica que debería desahogarse conmigo hablándome de su dolor y sufrimiento, compartiéndolo con una amiga que era como una hermana para ella.

"¿Qué te pasa, Jeanette?"

"Nada", me dijo distraída.

Pensé que estaba tan llena de dolor que no sabía cómo empezar a hablar del genocidio. Estreché sus manos para darle a entender que podía confiar en mí, como siempre lo había hecho. "Vamos, Jeanette, puedes decirme lo que quieras", le recordé. "¿Quieres hablar sobre lo que te sucedió, sobre lo que sucedió con nuestras familias? Fue muy triste".

"Sí, Imma. Sé lo que sucedió. Sí, fue muy triste. Pero me encanta lo que has hecho con tu cabello. Tu trenzas son diferentes, ¿verdad?".

¿Qué? ¿De qué estás hablando? ¿Mi cabello? Pensé, estaba completamente confusa por lo que mi amiga estaba diciendo. Sentía dolor en mi corazón y empecé a llorar. Unos minutos después me convencí de que todo estaba en mi cabeza, que Jeanette estaba bien y que yo era la que estaba actuando en forma extraña. Tal vez estaba haciendo que se sintiera incómoda.

Presioné mis ojos con los puños cerrados, me limpié las lágrimas, y luego intenté iniciar una conversación sobre algo trivial: "Sí, me peiné así para ir a trabajar. ¿Te gusta?".

"Sí Imma. Tu pelo es hermoso". Unos minutos después me preguntó: "¿Qué sientes al pensar que ya no tienes a tu mamá?".

"Es terrible", dije, contenta de que empezara a hablar sobre algo importante. "Pero tú sientes el mismo dolor por la ausencia de tu mamá. Gracias a Dios mi hermano Amiable está vivo en Senegal, espero que venga a verme pronto. Dos de mis tías y tres de mis primas también sobrevivieron. Pero tú, Jeanette, los perdiste a todos. No puedo imaginar lo difícil que debe ser para ti. Vine a decirte que estoy contigo. Ahora yo soy tu familia. Estoy ganando bien en mi trabajo, así que puedo conseguir un lugar para nosotras pronto. Podemos vivir juntas como hermanas, como lo planeamos cuando éramos niñas.

"¿De qué hablas, Imma? No, yo no quiero irme de aquí. Estoy bien, estoy más que bien. Deberías conocer a mi nuevo novio; es tan guapo. Estoy segura de que estarías celosa".

"¿Tienes novio?".

"Ah, sí, es de Zaire. Es tan romántico, realmente sabe cómo tratar a una mujer. No me va a pedir que nos casemos, pero no importa. Sólo quiero divertirme".

De nuevo me sentí mal pues me di cuenta de que Jeanette no estaba interesada en hablar de nuestras familias o de nuestro futuro. Siguió hablando de su novio y contándome detalles íntimos de su relación que hicieron que yo me sonrojara. Sin importar lo cercana que había sido nuestra amistad, la Jeanette que yo conocía nunca me habría revelado ese tipo de comportamiento. Traté de cambiar la conversación una y otra vez, pero Jeanette no podía o no quería hablar de otra cosa.

Hice un último intento para sacarla del trauma recordándole lo devotas que éramos. "¿Recuerdas cuánto amábamos a la Virgen María y estábamos convencidas de que nuestras oraciones harían que se nos apareciera?", le pregunté. "¿Por qué no rezamos juntas ahora como lo hacíamos cuando éramos niñas?".

"Me gustaría arreglarme el pelo como tú a mi novio le encantaría".

Abracé a Jeanette, la besé en la frente y le dije: "Ya tengo que irme, pero volveré mañana y podemos seguir hablando".

Al salir de la casa de Jeanette me di cuenta de que éste era *otro tipo de dolor*. Mis pensamientos me torturaban: *¿Cuántos tipos diferentes de dolor hay en el mundo? ¿Cuántos tendremos que soportar?* Estaba yo aprendiendo a enfrentar el dolor de haber perdido a mi familia, pero ellos estaban muertos, físicamente muertos, y lo entendía. Ahora de hecho había encontrado a alguien que yo quería y podía estrechar entre mis brazos, pero estaba ausente. ¿Cómo podía yo perder a alguien que estaba sentada junto a mí? Había perdido a Jeanette; ella había muerto por dentro. Era tan cruel y tan injusto que parecía un castigo.

Pasé la noche en mi cuarto de Christus, llorando y hablando con Dios: "¿Qué gran maldad he cometido en el pasado para merecer esto?", le decía. "¿Qué estás tratando de enseñarme con esta lección tan dolorosa? ¿Por qué le salvaste la vida a mi amiga, pero me quitaste su amistad? Por favor dime lo que quieres que entienda dejándome tan sola. ¿Eres un Dios celoso? ¿Quieres alejar todo lo demás de mí para ser siempre el centro de mi vida? ¡Yo te amo, pero también necesito una amiga!".

Me envolvió una nueva tristeza. Supe que el Señor en realidad no me estaba castigando, sino que esperaba que yo aprendiera algo del dolor que sentía. Tal vez deseaba darme otra lección sobre el amor incondicional, mostrándome que yo debía amar a Jeanette aunque ella nunca pudiera responder a ese amor. Juré que lo haría.

El resto de la noche me sentí en paz con Dios. Cuanto más pensaba en lo injusto que era perder así a una amiga, más entendía que no tenía que culpar a Dios, yo sólo estaba buscando una forma de hablarle de este nuevo sufrimiento. Ésta fue una de esas ocasiones en las que, cómo la Hermana Michelle me había advertido en el colegio, sólo podría yo hablar con Dios. El mundo seguía cambiando a mi alrededor, mis seres queridos se alejaban de mí y los lugares que amaba cambiaban. Dios era lo único que era constante en mi vida, el único amigo que nunca me dejaría. Era mi mejor amigo. Cuanto más dolor encontraba yo, más entendía que el entregarme a Dios no era una acción que yo realizaría una sola vez, sino que sería un compromiso de por vida.

Cerré los ojos y oré: "Amado Padre, por favor cuida de Jeanette y ayúdale a sanar su corazón y su mente. Ella siempre fue tu sierva fiel y ahora necesita tu ayuda. Yo también necesito tu ayuda porque el dolor de perder su amistad es demasiado grande. Te entrego ese dolor, Señor; por favor aléjalo de mí".

A la mañana siguiente desperté sintiéndome mucho mejor que la noche anterior y fui a ver a Jeanette una vez más. Ella estaba igual, pero en esta ocasión no le pedí que rezara conmigo; le pedí a Dios que estuviera con nosotras y que ayudara a mi amiga a encontrar la paz en Él una vez más. Estuvimos juntas todo el día y antes de irme le arreglé el cabello como yo había arreglado el mío.

JEANETTE FUE LA PRIMERA DE LOS MUCHOS HABITANTES DE RUANDA QUE ENCONTRÉ AL BORDE DE LA LOCURA a causa de sus heridas emocionales. Mi amiga era bonita, se veía saludable y podía alimentarse por sí misma; estaba mucho mejor de lo que podría esperarse de decenas de miles de hombres y mujeres de nuestro país. Los hospitales estaban llenos de lisiados que tuvieron la fortuna de encontrar algo para vendar sus heridas o los muñones de los brazos y piernas que habían perdido, sin mencionar la posibilidad de encontrar medicamentos o tratamientos para males psiquiátricos. Prácticamente no había enfermeras en el país, y ciertamente no había terapeutas de salud mental.

La gente se moría de hambre, vivía en la suciedad de las ciudades de tiendas de campaña que habían proliferado en todo el país. De hecho, los campamentos para estas personas, a quienes se les conocía como "refugiados internos", eran lugares donde reinaba la violencia extrema, el sufrimiento, la violación y la enfermedad. Los problemas que enfrentaban Jeanette y las miles de personas como ella, cuyas mentes no podían entender los horrores que habían vivido, ni siquiera figuraban entre los problemas que la nación tenía que resolver.

Una parte de mí había tenido la esperanza de que Jeanette regresara a Ruanda para volver a empezar una nueva vida y crear una familia con mi amiga de la infancia. Pero ahora podía ver que eso nunca sucedería. Yo nunca la abandonaría, pero sabía que nuestro sueño de ser hermanas era otra víctima del genocidio.

Seguí visitando a Jeanette a lo largo de los años y rezando por ella. Siempre recordó mi nombre, pero nunca recordó el lazo de amistad que nos unía. Cuando salí de Ruanda supe que había sido internada en una institución psiquiátrica. Mi amiga María me dijo que la última vez que la había visitado en el hospital, Jeanette estaba finalmente recibiendo los medicamentos que necesitaba para aclarar un poco su mente.

María también me dijo que Jeanette había dicho mi nombre cuando ella la visitaba; decía: "¡Todo va a estar bien cuando venga Imma! Todo va a estar bien cuando recemos juntas".

Me prometí que la próxima vez que viajara a Ruanda, lo primero que haría sería ir a ver a Jeanette y rezar con ella.

🦇

Capítulo 7

Los exiliados, el éxodo y los asesinos al otro lado del agua

¿Por qué estás viva todavía?".
"¿Perdón?", pregunté.

Miré con atención el rostro de la mujer alta que estaba frente a mí en la cafetería de la ONU a la hora de la comida. Habíamos chocado en forma accidental, y yo me disculpé con ella hablando en lengua Kinyarwanda.

Ella me miró duramente y repitió lo que me había dicho antes. "Te pregunté por qué estás viva todavía".

"Me llamo Immaculée", respondí, demasiado impactada para responder realmente a su pregunta.

"Está bien, Immaculée, ¿Por qué estás viva todavía?".

"Un pastor Hutu me ocultó, junto con otras siete mujeres. Dios nos protegió", respondí y me di cuenta de que esta mujer sopesaba cada una de mis palabras.

"¿Qué pasó con tus padres?".

"Ambos están muertos".

"¿Tienes hermanos y hermanas?".

"Tenía tres hermanos. Ahora sólo tengo uno".

Ella sonrió con bondad, extendió su mano y dijo: "Hola, Immaculée. Soy Anne, y también soy Tutsi.

Así empezó mi amistad con Anne. Era una mujer fuerte, con una gran fe en Dios y una enorme desconfianza hacia los Hutus, sin importar donde estuvieran. Los padres de Anne eran del "grupo del 59", como se conocía a los Tutsis que habían huido de Ruanda a toda prisa, viajando a países vecinos durante la Revolución Hutu de 1959. Decenas de millones de Tutsis fueron eliminados en esa primera etapa de asesinatos masivos; y más de cien mil se fueron al exilio en Uganda, Burundi, Tanzania y Zaire. Pero la emigración forzada de 1959 fue sólo la primera ola de la diáspora Tutsi. De hecho, antes del genocidio de 1994, cientos de miles de Tutsis habían salido del país como respuesta a las constantes agresiones de las décadas anteriores.

Como muchos otros padres de familia Tutsis, los padres de Anne habían empacado todo lo que tenían y se habían llevado a sus hijos, prefiriendo educar a su familia en el exilio y no correr el riesgo de ser asesinados en la siguiente ola de violencia étnica. Estando fuera del país, ya no se les permitía volver.

Después del golpe de estado de 1973, los Tutsis que habían decidido vivir en el exilio fueron oficialmente desterrados por el gobierno Hutu. Gran parte del ejército rebelde Tutsi (incluyendo a su comandante, el futuro Presidente de Ruanda, Paul Kagame), eran hijos de exiliados y crecieron más allá de las fronteras del país. Una de las primeras acciones de los rebeldes Tutsi al formar el gobierno que siguió al holocausto, fue llamar a todos los Tutsis que en el pasado se habían ido al exilio (o que habían nacido en el exilio) y hacer que volvieran a su patria. Más de un millón de Tutsis respondieron el llamado, entre ellos Anne y su familia.

Así que cuando mi amiga me interrogó tan bruscamente sobre mi pasado, entendí que no tenía la intención de ser grosera. Muchos miembros de su familia habían sido asesinados, y ella, como muchos de los sobrevivientes del país, no confiaba en los extraños.

En Ruanda, el saludo más común, además de "Hola", era: "¿Por qué estás vivo?" o "¿cómo sobreviviste al genocidio?".

Aunque se les había educado en la cultura de Ruanda, que es inherentemente cortés y sigue las reglas de urbanidad, la mayoría de los sobrevivientes se olvidaban de la cortesía y pedían directamente la información que necesitaban para saber con qué tipo de gente estaban hablando. No es que se les hubiera tratado con demasiada crueldad y ya no pudieran ser amigables, aunque en ocasiones eso fuera cierto, sino que la cautela era más fuerte que la cortesía. No se trataba de brusquedad, sino de supervivencia.

Los Tutsis necesitaban saber exactamente de dónde venían las personas en cuanto las conocían. Nadie estaba seguro de quién era un asesino y quién no lo era, ya que miles y miles de Hutus habían matado a alguien. Algunos Tutsis decían que el asesinato a machetazos de tantos hombres, mujeres y niños en menos de cien días había requerido de millones de colaboradores. Se suponía que si un Hutu no había matado Tutsis con sus propias manos, había informado del paradero de sus amigos o vecinos Tutsis o le habían cerrado sus puertas a quienes suplicaron su ayuda. De una u otra forma, habían participado en el genocidio.

En nuestro asolado país, la mayoría de los sobrevivientes creían que si alguien era Hutu era un asesino que volvería a matar si tuviera la oportunidad.

Claro que esto estaba muy lejos de ser verdad, ya que ser Hutu no hacía que alguien automáticamente fuera un asesino. Miles de Hutus moderados habían protestado ante el genocidio desde un principio y habían sido cruelmente ejecutados como traidores. Aquellos que se negaron a asesinar o a violar, o no vitoreaban a quienes lo hacían, habían sido ejecutados por simpatizar con los Tutsis. Incontables hombres y mujeres, como el pastor que me ocultó junto con las otras siete mujeres, habían arriesgado su vida para ayudar a sus vecinos Tutsis. Muchos Hutus eran buenos, bondadosos y cariñosos, pero muchos otros eran culpables de crímenes horribles.

Los sobrevivientes Tutsis necesitaban, deseaban y exigían descubrir quiénes tenían las manos ensangrentadas y quiénes las tenían limpias. Pero era difícil saber quién era Hutu o Tutsi si uno no había crecido con ellos. Los antiguos estereotipos que supuestamente los diferenciaban sólo eran eso: estereotipos.

En realidad, era difícil distinguir a los Hutus de los Tutsis con solo mirarlos, y aunque uno supiera que alguien era Hutu, no había manera de saber si se había involucrado en la matanza, a menos que hubiera quedado un testigo que lo revelara. Pero eran pocos los testigos que habían sobrevivido, y los que habían escapado temían señalar a los asesinos; los sobrevivientes que acusaban a un Hutu de un crimen a menudo acababan muertos. De hecho, los asesinos volvían a sus comunidades como si nada hubiera pasado, y los sobrevivientes tenían que vivir al lado de quienes habían descuartizado a sus familias.

ADEMÁS, LOS TUTSIS QUE VIVÍAN EN LA FRONTERA CON ZAIRE, como los de mi aldea, eran amenazados cada noche por los asesinos que se habían reagrupado en Zaire y volvían a Ruanda durante la noche para vengarse de los sobrevivientes.

Zaire se había infectado con el odio cruel y homicida de la milicia del *Interahamwe* y miembros del ejército del Gobierno Hutu entraron a Zaire cuando las tropas del RPF de Paul Kagame cruzaron hacia Ruanda, luchando para acabar con el genocidio. Los asesinos escaparon de la justicia mezclándose con el éxodo Hutu, las masas que huyeron de Ruanda después del genocidio, temiendo la venganza de los rebeldes Tutsis y de los sobrevivientes.

El número de refugiados fue demasiado grande para comprenderlo: dos millones de Hutus, temerosos por sus vidas. Su miedo se intensificó a causa de los asesinos que huían, quienes convencieron a los campesinos y granjeros Hutus que quedarse en Ruanda era como un suicidio; torturaban a los hombres Hutus, castraban a los jóvenes y violaban y mutilaban a las mujeres y a las niñas. Crearon pánico e histeria masiva entre la gente sencilla Hutu por todo el país. Cuando los aldeanos respondieron, dejándose llevar por el miedo que sembraban los asesinos y abandonaron sus hogares para dirigirse a la frontera con Zaire, el *Interahamwe* los siguió a distancia, disparando al aire para hacer creer a la chusma aterrorizada que los inmisericordes rebeldes Tutsis estaban detrás de ellos. Los asesinos guiaron a la multitud Hutu como si estuvieran arriando ganado.

Era como ver una presa romperse después de una tormenta devastadora; era como una inundación de seres humanos de un cuarto de milla de ancho y cincuenta millas de largo. Los padres, madres y niños Hutu avanzaban hacia un futuro incierto, con lo poco que podían llevar sobre su cabeza o a la espalda, para iniciar una nueva vida.

Los asesinos usaron el éxodo Hutu como escudo para huir de los rebeldes Tutsis, y luego, cuando llegaron a Zaire, usaron este éxodo como medio para lograr sus objetivos. Quienes organizaron el genocidio sabían que todos estos refugiados recibirían una respuesta humanitaria por parte de las naciones de Occidente, y los asesinos querían su tajada de los programas multimillonarios que inevitablemente se crearían para responder al sufrimiento de los refugiados.

La gran ironía era que Occidente no había hecho nada durante la matanza de Tutsis, pero vino al rescate de los refugiados en Zaire. A los ojos del resto del mundo, los Hutus que huían eran las verdaderas víctimas del genocidio. Y supongo que para cuando llegaron a Zaire de hecho se habían convertido en víctimas, pues lo único que podían esperar eran penurias y terror.

MI CAMINO SE CRUZÓ CON EL ÉXODO CUANDO ME EVACUARON del campo de refugiados francés en el que estuve después de salir de la casa del Pastor Murinzi. Los franceses llegaron a Ruanda en los últimos días del genocidio y el gobierno extremista Hutu les dio la bienvenida, pues creía que sus amigos extranjeros les ayudarían llevar a término el exterminio de los Tutsis. Durante años, los franceses habían tenido vínculos cercanos con el gobierno Hutu e incluso habían financiado y entrenado a los soldados Hutu en los métodos más eficientes de matar y habían proporcionado a los extremistas suficiente dinero para comprar toneladas de machetes.

Existía una gran desconfianza entre los franceses y los soldados rebeldes Tutsis, y ambos lados tenían órdenes de evitar una confrontación que pudiera provocar accidentalmente un conflicto internacional. Los rebeldes Tutsis no entraron a la zona segura que establecieron los franceses, y los franceses no se involucraron directamente en la guerra civil, ni dispararon un arma para acabar con el holocausto. Los asesinos Hutus, junto con los arquitectos principales del genocidio, aprovecharon la situación y entraron confiados a la zona segura francesa para llegar a Zaire. Muchas personas dicen que la única razón por la cual los franceses fueron a Ruanda fue para crear una ruta de escape para los asesinos que durante tanto tiempo habían apoyado.

Independientemente de sus motivos, los franceses les salvaron la vida a muchos Tutsis. No obstante, aunque me protegieron cuando salí de mi escondite, no les debo nada por mantenerme viva; ese sentimiento lo reservo para Dios. El hecho es que cuando el éxodo Hutu pasó cerca de nuestro campo de refugiados, los soldados franceses hicieron que treinta de nosotros, sobrevivientes del genocidio, subiéramos a la parte trasera de un camión, prometiéndonos que nos llevarían a un lugar seguro en un campamento de rebeldes Tutsis. Pero en lugar de eso, los soldados nos dejaron justo frente de un grupo del *Interahamwe*. Los franceses me abandonaron, pero el Señor me protegió de los asesinos esa noche con el gran poder de Su amor.

Cuando un miembro del *Interahamwe* se acercaba a mí con su machete, oré a Dios pidiéndole que entrara a mi alma y permitiera que Su amor fluyera a través de mis ojos, llegara a los ojos del asesino y lo obligara a ver el mal que estaba a punto de cometer. Dios respondió a mi oración: con una simple mirada de amor, el hombre se sintió avergonzado, dejó caer el machete y se alejó de mí. Y cuando los demás asesinos se me acercaron con sus puñales, Dios me llevó a la seguridad del campo de rebeldes Tutsis. Los asesinos volvieron a unirse al éxodo y lo siguieron hasta salir del país.

Para cuando los refugiados entraron a Zaire, los Hutus ya no tenían comida, ni agua, y miles de ellos empezaron a fallecer; murieron de hambre, de agotamiento y a causa de enfermedades. Un brote de cólera acabó con cincuenta mil Hutus (ante todo niños y ancianos) sólo en unas semanas.

Como lo habían supuesto los asesinos, la ONU y otras organizaciones de ayuda donaron millones de dólares en alimentos y suministros a la zona este de Zaire, donde se construyeron ciudades de tiendas de campaña para alojar a una población de refugiados superior al número de habitantes del estado de New Hampshire, en Estados Unidos.

Mientras los refugiados estuvieran ahí, el dinero seguiría llegando, así que los asesinos se aseguraron de que los refugiados no fueran a ninguna parte. Los asesinos retuvieron cientos de miles de Hutus prácticamente como prisioneros; organizaron los campamentos como feudos medievales. Se embolsaron el dinero que se donaba como ayuda, robaron la comida de los refugiados, violaron a las mujeres, hicieron que miles de jovencitas se convirtieran en esclavas sexuales, y asesinaron a cualquiera que intentara regresar a Ruanda.

Para los refugiados Hutus, la vida en los campos de refugiados era miserable. Pero los asesinos prosperaron. Estaban bien armados, comían bien y fraguaban planes para volver a Ruanda a continuar con el genocidio. Formaron un ejército insurgente Hutu con miles de soldados al otro lado de la frontera de Ruanda. Creían que cuando atacaran, los Hutus que se habían quedado en Ruanda se unirían a ellos contra los Tutsis.

Al otro lado del lago Kivu, los asesinos estaban preparando un segundo holocausto. Era una amenaza mortal con la que los sobrevivientes Tutsis vivieron día tras día.

AL MISMO TIEMPO QUE EL ÉXODO HUTU ABANDONABA RUANDA, muchos Tutsis que habían vivido en el exilio durante años, muchos de los cuales habían nacido y crecido en culturas extranjeras, empezaron a volver al país de todas direcciones.

Por cierto tiempo, vivir en Ruanda fue muy similar a la historia bíblica de la Torre de Babel: éramos la misma tribu, éramos un pueblo, pero era muy difícil entendernos. Por ejemplo, los Tutsis que habían crecido en Zaire llegaron a Ruanda hablando un kinyarwanda mezclado en gran medida con el swahili que habían aprendido en la escuela. Y no sólo las palabras eran diferentes, también era diferente lo que decían, y la forma en que lo decían causaba un impacto negativo en los Tutsis de Ruanda.

La gente de Zaire hablaba con franqueza y expresaba sus opiniones en voz alta, lo que era totalmente opuesto a los hábitos de los Tutsis que habían nacido en Ruanda. Se nos educó para hablar en voz baja, reflexionar lo que decimos y a ser amables y corteses con la gente; y sobre todo, a ser modestos. Además de ser escandalosos y francos, los que venían de Zaire actuaban en una forma muy sofisticada y moderna en público. Les gustaba la música pop, el baile y la ropa de moda, pero todo eso se consideraba de mal gusto en un país donde la mayoría de la gente se estaba muriendo de hambre. Aun así, los que venían de Zaire tenían cierta inocencia, eran abiertos, reían con facilidad y siempre estaban sonrientes, y todo eso era positivo para nosotros que estábamos agobiados por la guerra. Fue muy positivo que llegaran a formar parte de nuestra población.

Como los Tutsis que venían de Uganda habían sido educados en un país colonizado por los británicos, hablaban inglés, y no francés como sus compatriotas de Ruanda. Aunque parezca increíble, la rivalidad que existe en Europa entre los franceses y los ingleses era a veces evidente entre estos dos grupos de Tutsis, en nuestra pequeña nación africana. Los de Ruanda pensaban que los de Uganda eran fríos y orientados al dinero, y los de Uganda pensaban que los de Ruanda eran esnobs y poco inteligentes. Pero como Paul Kagame venía de Uganda, los Tutsis de Uganda se convirtieron en la columna vertebral del ejército rebelde que acabó con el genocidio, y todos los Tutsis de Ruanda los consideraban héroes que los habían salvado.

Los Tutsis que venían de Burundi hablaban Kirundi, un idioma similar al Kinyarwanda, que la gente de Ruanda podía entender cuando se hablaba despacio, pero a los de Burundi no les gusta hacer nada despacio. Tienden a ser, como mi amiga Anne, bruscos e impacientes con los Tutsis de Ruanda, que son conservadores y respetuosos, en especial en lo relacionado con vivir con los Hutus. Burundi tenía prácticamente la misma mezcla étnica que Ruanda, aproximadamente 85 por ciento Hutu, 14 por ciento Tutsi y uno por ciento Twa, hasta ahí llegaba el parecido cultural.

Es difícil entender que, a pesar de los frecuentes asesinatos masivos, la vida cotidiana de los Hutus y los Tutsis de Ruanda era pacífica en realidad. Antes del genocidio, yo me sentía segura casi en todas partes dentro de mi país, pues la gente no peleaba, había pocos crímenes violentos y todo el mundo actuaba en forma civilizada. Burundi era completamente distinto.

Mi amiga Sarah, que era Hutu y vivió en Burundi durante el genocidio, me decía que nunca en su vida había tenido tanto miedo como en ese país.

"Immaculée, tú sabes que los Hutus y los Tutsis se llevaban bien aquí en Ruanda y siempre había paz. Pero en Burundi yo sentía que me podían asesinar cuando salía a la calle", decía. "Todos, los Hutus y los Tutsis, estaban armados con grandes cuchillos bajo el cinturón y estaban dispuestos a usarlos si alguien los miraba mal. Tenías que fijarte por dónde andabas porque las dos tribus vivían en vecindarios separados, y si dabas la vuelta en la calle equivocada podías acabar muerta. Todos esos Tutsis que vienen de Burundi hacen que me sienta nerviosa.

Incluso Anne, que por naturaleza era bondadosa, no era tolerante cuando se trataba de los Hutus. "No estamos dispuestos a tolerar sus acosos", me dijo. "Nunca podré entender que ustedes, los Tutsis de Ruanda, no hayan reaccionado y hayan dejado que estos monstruosos Hutus mataran a tanta gente. Aquí los Tutsis son pacifistas y fáciles de dominar; actúan como si hubieran nacido para ser víctimas. En mi país, muchos Tutsis se niegan a "ofrecer la otra mejilla". Si un Hutu mata a un Tutsi, dos Hutus son asesinados. Si violan a una de nuestras chicas, dos de las suyas resultan violadas. Cuando ellos atacan, nosotros respondemos con otro ataque.

Yo sabía que los Tutsis de Burundi eran violentos, pero también estaban orgullosos de su legado Tutsi y fueron una inspiración para los Tutsis de Ruanda que aprendieron a aceptar y celebrar su cultura. Así que yo siempre decía esta oración en silencio cuando escuchaba a los Tutsis de Burundi referirse a los Hutus: *Dios mío, he visto demasiado derramamiento de sangre entre vecinos, tanto que llegaría hasta el día del juicio. Por favor no permitas que el odio y la violencia se siembren en nuestro suelo. Úsame para dar a conocer tu palabra y ayudar a crear la paz en nuestro atribulado país.*

A PESAR DE SUS DIFERENCIAS, LOS EXILIADOS QUE VOLVIERON PARTICIPARON EN LA LIBERACIÓN DEL PAÍS y se sentían orgullosos de ser ciudadanos de Ruanda. Todos volvieron al país con expectativas similares; cruzaron las fronteras creyendo que Ruanda era un paraíso. Sus padres recordaban su belleza natural, sus fuertes lazos familiares y su espíritu comunitario, a través de su mirada nostálgica desde el exilio. Heredaron esa visión a sus hijos, quienes crecieron con esa imagen mítica de Ruanda.

Pero cuando esos hijos llegaron al país, lo encontraron destrozado por la guerra y el genocidio. En lugar de un paraíso, llegaron a un páramo lleno de muerte y destrucción. La desilusión que sentían muchos de los recién llegados era palpable, y siempre estaban dispuestos a expresarla.

"Dejé un buen empleo con el gobierno en Kampala, y vendí todo lo que tenía para traer a mi esposa y a mis hijos a este país", se quejó Lawrence, mi nuevo vecino que vino de Uganda y se había instalado en una casa abandonada cerca de la casa de Sarah. "Toda mi vida, mi papá me dijo que Ruanda era como el Jardín del Edén, que la vida era fácil y que la campiña era la más hermosa de África. Pero vengo aquí y no puedo conseguir trabajo, vivo en una choza y ni siquiera puedo alimentar a mi familia. ¿Qué clase de Edén es éste?".

Yo quería decirle a Lawrence que era afortunado, pues la mayoría de los Tutsis de Ruanda estaban sepultados en fosas comunes o vivían en las tiendas de campaña de los campos de refugiados de la ONU, bebiendo agua sucia y muriendo por la disentería. Pero nunca le dije nada negativo a Lawrence, ni a ninguno de los exiliados que conocí. Por alguna razón, siempre me sentí ligeramente responsable cuando los Tutsis que llegaban a nuestro país, provenientes de otros lugares, no se sentían bien. Supongo que eso era parte de la cultura de Ruanda, pues se nos educó para hacer sentir bien a las visitas, para hacer que se sintieran cómodas y en casa.

El choque cultural entre los Tutsis nativos y los que volvían a Ruanda a menudo se expresaba en discusiones e incluso en peleas a nivel físico. Los malentendidos eran interminables, pues aunque superáramos la barrera del idioma, estaba el lenguaje corporal. Había diferencias en los movimientos de las manos, en la forma en que nos mirábamos, en que reíamos, y hasta en nuestra forma de caminar. Cada grupo era diferente y eso en ocasiones era perturbador. Existía una relación entre todos nosotros, pero al mismo tiempo había detalles que hacían que nos sintiéramos extraños.

A PESAR DE LA CONFUSIÓN QUE SURGÍA ENTRE LOS TUTSIS recién llegados a Ruanda y los que siempre habían estado ahí, era una especie de broma amistosa si se le compara con la ira y la hostilidad que se sentía contra los refugiados Hutus que se atrevían a regresar de Zaire.

El primer otoño después del genocidio, pequeños grupos de refugiados empezaron a volver a nuestro país. Muchos murieron intentándolo, pues era un trayecto peligroso a través de espesas selvas y profundos pantanos llenos de mosquitos infectados de malaria, enormes cocodrilos y otros animales salvajes; y quienes lograban llegar eran a menudo la imagen de una miseria indecible.

En una visita que hice a Mataba, recuerdo haber visto una familia caminando con dificultad en la carretera. Primero vi a dos niños que tal vez tenían once o doce años, pero estaban tan malnutridos y escuálidos que parecían ancianos encorvados; sus espaldas estaban torcidas, sus piernas se doblaban temblorosas y vestían harapos llenos de lodo y excremento. Detrás de ellos venía su madre, avanzando con dificultad, con los ojos fijos y vacíos, como los de un zombi, sus dientes sobresalían de sus apretados labios. En su huesudo brazo derecho sostenía el cuerpo flácido de un bebé.

El cuadro era horrible, pero era familiar; yo había visto familias Tutsis salir a rastras de entre los arbustos después de estar ocultos durante tres meses; eran como estos pobres Hutus que ahora pasaban cerca de mí. Les ofrecí unas monedas, pero pasaron sin dirigirme la mirada.

Dios mío, pensé, *¿es éste tu castigo contra los Hutus? ¿Por qué estos niños, Señor? Por favor alivia su sufrimiento. Haz que ese bebé vuelva a casa y cuida a su madre y a los niños.*

Me preguntaba si el padre de esos niños había sido un asesino, si sus pecados eran la causa del sufrimiento de sus seres queridos. ¿Estaban los inocentes pagando por los insensatos crímenes que había cometido la generación anterior? Esta familia triste y llena de dolor era una advertencia para todos los que actuaban bajo el impulso de la ira y el odio; el pecado lastimaba a los inocentes tanto como a los culpables.

Caminé hacia mi antiguo hogar, donde mi madre y Damascene estaban sepultados, y me puse de rodillas. Se me llenaron los ojos de lágrimas, como siempre que llegaba yo al sepulcro de mis seres queridos. Elevé esta oración: "Por favor, Dios mío, mueve los corazones de los hombres y las mujeres de nuestro nuevo gobierno. Convence a nuestros líderes para que creen un Ministerio de Amor. ¿Qué mejor arma para proteger al mundo del mal y del dolor que armar a todos con palabras de amor?

Más tarde ese día visité a Angie y a Tare, dos amigos Tutsis que no habían estado en la aldea durante el genocidio. Angie tenía mi edad y acababa de llegar a Mataba, proveniente de Burundi, donde había crecido. Yo conocía a Tare desde que éramos niños y él había sido un niño feliz hasta que varios de sus parientes que estaban en la provincia de Gisenyl fueron asesinados por extremistas.

Tare era un poco mayor que yo y había salido de Mataba antes de la guerra civil que comenzó en 1990 para unirse al RPF en Uganda. Casi había convencido a Damascene y a Vianney para que se fueran con él, pero mi madre tuvo un ataque de asma cuando se enteró de ese intento por reclutar a mis hermanos. Así que les pidió que le prometieran que nunca se unirían a los rebeldes.

"Mírenme. Casi no puedo respirar. ¿Están tratando de matarme?", preguntó dramáticamente mi madre, presionando su mano contra su pecho. "¿Van a matarme mis propios hijos? Prométanme que nunca serán soldados, ni van a arriesgarse a morir de un disparo. ¡Prométanme!".

Los muchachos sabían que mi madre estaba usando sus problemas de salud para hacerlos sentir culpables y obligarlos a seguir estudiando y alejarse de los rebeldes, pero funcionó y ellos prometieron solemnemente que se alejarían de la guerra. Lo irónico es que si se hubieran ido con los rebeldes, tal vez habrían tenido la posibilidad de sobrevivir.

Por otra parte, Tare había estado peleando contra los extremistas Hutus y contra el *Interahamwe* durante años, y estaba lleno de amargura. Había luchado por proteger a su madre y a sus hermanas, pero cuando él estaba con el ejército en el norte, el *Interahmwe* había llegado a nuestra aldea y había asesinado a cada uno de los miembros de su familia.

Y mientras los tres estábamos hablando frente a la casa de Tare, vimos a una anciana subiendo con dificultad una colina detrás de un establo. Usaba la rama de un árbol como bastón, su piel tenía manchas blanquizcas por el polvo y su rostro estaba cubierto de llagas, no obstante tuve la sensación de que la conocía.

"¿Mushaha, eres tú?".

"Bendita seas por reconocerme, Immaculée. ¡Eres la primera que lo hace!".

Aunque Mushaha era Hutu, había sido una de las amigas más cercanas de mi madre. Cuando yo era chica y estaba en casa o venía a casa en las vacaciones, Mushaha y yo rezábamos juntas en una capillita que estaba cerca de la casa. Y yo a menudo iba a nadar con su familia en el lago Kivu y cuidaba a sus gemelitos, Jocelyn y François.

Me acerqué para darle un abrazo, pero ella se alejó diciendo: "Gracias por tu bondad, pero estoy enferma. Mejor no me toques".

"¿Qué te pasó?", le pregunté, viendo que el dolor desfiguraba su rostro. Su cuerpo se había encogido a la mitad de lo que era la última vez que nos habíamos encontrado en misa antes del genocidio. "¿Dónde están François y Jocelyn? ¿Dónde están tu esposo y tus padres?".

La barbilla de Mushaha tembló y las lágrimas bañaron su rostro, marcando surcos oscuros a través del polvo que llevaba como una máscara. "Ay, Immaculée", respondió. "Todos están muertos, ¡muertos en Zaire!".

"Immaculée, ¡ven acá!" dijo Tare furioso. Me acerqué un poco a donde él y Angie estaban, y me preguntó iracundo: "¿Por qué hablas con ella? Su esposo era un asesino, y ella se reía cuando los Tutsis fueron masacrados aquí. Está muerta para nosotros; no la toques, no le hables, ni siquiera la mires. Que se pudra".

"Tu compasión me enferma", dijo Angie, casi atacándome; estaba muy molesta. "¿Cómo puedes tocar a esa desgraciada? Hay sangre Tutsi en sus manos; ella les dijo a los asesinos dónde estaban mis primos y nos causó toda esta agonía. Ojalá alguien la estuviera persiguiendo con un machete, tratando de matarla. Entonces tal vez empiece a sentir lo que nosotros sentimos, ahora a ella le toca sufrir, Immaculée, déjala sufrir".

Las palabras de mis amigos, llenas de tanto odio y rencor se me clavaron en el corazón. Yo entendía su furia, que brotaba del dolor, pero también sabía cuánto les estaba dañando esa furia. Si queríamos empezar a sanar a Ruanda, teníamos que comenzar aquí y ahora. ¿Qué mejor momento para empezar que con una madre que sufría por haber perdido a sus hijos?

"Sé cómo se sienten", les dije a Tare y a Angie, "pero no podemos odiar a todo el mundo, porque si lo hacemos el odio nunca va a terminar. No estamos ante una multitud de asesinos que trata de derribar las puertas; no es toda una tribu. Sólo es una mujer herida, está sufriendo. Necesita ayuda".

Sus ojos me condenaron como traidora y movieron la cabeza desilusionados. Luego me dieron la espalda y entraron a la casa de Tare sin despedirse de mí.

Volví con Mushaha y me senté en el suelo junto a ella; estaba llorando en la acera. Estreché su mano recordando cómo solía peinarme para secar mi cabello después de nadar, cómo a sus hijos les encantaba correr tras las cabras de mi padre, cómo ella le ayudaba a mi madre a coser vestidos de novia en la aldea, y cómo siempre nos traía regalitos los domingos después de misa. Era difícil imaginarla riéndose de nuestros vecinos, tal vez burlándose de mi propia familia, mientras los perseguían y los mataban. Pero la locura, la sed de sangre, había llenado de maldad a mucha gente buena.

Cuánto poder debe tener el demonio en el mundo para poder corromper a un alma buena, pensé. *Claro que la única protección ante tanta maldad es el amor de Dios, la única redención para quienes se han desviado de su camino.*

"Lamento mucho lo que le pasó a tu mamá", dijo Mushaha sollozando. "Rose era una mujer maravillosa, y tu padre... No sé qué maldad se apoderó de nuestra aldea. Maldigo a todos los que lo hicieron. Ahora debemos sufrir las consecuencias de nuestras acciones, debemos probar las cenizas y el fuego". Entonces empezó a llorar a gritos, respirando con dificultad.

"¡Mis hijos están muertos, Immaculée!" exclamó. "Los mató el cólera ¡murieron uno tras otro! Murieron en mis brazos mirándome a los ojos. ¿Qué clase de madre soy? ¿Cómo pude llevar a mis hijos, que tanto amaba, a un infierno tan terrible? El *Interahamwe* robó toda nuestra comida; yo no tenía nada para alimentar a mis hijos, ¡nada de agua para refrescar sus labios ensangrentados! El *Interahamwe* nos obligó a movernos, diciendo que los Tutsis vendrían a matarnos. Nos obligaron a caminar día y noche en medio de la jungla. Caminamos sin parar durante semanas. Los zapatos de los niños se hicieron pedazos y sus pies se infectaron tanto que a cada paso lloraban de dolor. Pero nos siguieron obligando a caminar".

De nuevo trató de tranquilizarse, y luego continuó: "Varias semanas después, el suelo empezó a sacudirse bajo nuestros pies, y explotó un volcán bañándonos de fuego y cenizas, el aire era como veneno caliente. Era el castigo de Dios. Era el fin del mundo, y Dios se vengaba de nosotros. El humo era tan espeso que yo no podía ver y mis hijos no podían respirar. Mi esposo cayó al suelo tosiendo y nunca se levantó.

"Corrimos a un pantano y nos quedamos ahí dos días, y ahí fue donde la enfermedad nos atrapó. La gente se caía muerta. Más de mil personas murieron en un día. Tuve que sentarme sobre los cadáveres para sostener a mis hijos fuera del pantano. El mal olor, las moscas, la sed, fue un infierno. Mi hijos murieron en mis brazos, y tuve que dejarlos sobre los cadáveres de extraños. Immaculée, Dios nos había abandonado, Dios me ha abandonado. ¿Por qué no perdí la vida con mis hijos?".

Mi corazón sufría con esta mujer, y le pedí a Dios que diera a François y a Jocelyn un lugar especial en el cielo. La historia de

Mushaha me hizo ver la forma en que el demonio había utilizado el genocidio para llenar de dolor y sufrimiento a los Hutus y a los Tutsis por igual. Satanás no elegía bandos; era enemigo de toda la humanidad.

"Dios no te ha abandonado", le dije. "No ha abandonado a nadie. Pero debes abrirle tu corazón y pedirle perdón. Si cometiste crímenes aquí en la aldea, tendrás que responder ante la aldea, pero sólo Dios conoce tu corazón y lo que hay en él. Debes abrirle las puertas de tu alma y pedirle que te sane con su amor".

"Lo haré, pero mis pecados son horribles. Permití que mis hijos murieran y se pudrieran; ¿están sus almas en el infierno? ¿Están mis niños en el infierno?".

"Tus hijos están con Dios, y el cielo es un lugar mucho mejor que el lugar donde ellos estaban antes. Están felices con Jesús que cuida de los niños. Voy a rezar por ellos, Mushaha, pero tú también tendrás que encontrar a Dios. No podrás perdonarte sin contar con el amor de Dios".

"Gracias, Immaculée. Por favor reza por mí y por todos nosotros los pecadores. Nuestro odio nos ha destruido".

Le ayudé a ponerse de pie, le di el poco dinero que tenía, le di un abrazo y nos despedimos.

Mushaha siguió su camino, apoyándose con dificultad en la rama de árbol que usaba como bastón y yo me preguntaba cuál sería el plan de Dios para restaurar el amor en nuestra asolada patria. Pensé en los refugiados Hutus que morían en Zaire y en la madre silenciosa que llevaba a su hijo muerto a un hogar que ya no existía. Pensé en la desilusión y en la ira de los exiliados Tutsis que regresaban, y pensé en la angustia en la que todos estábamos hundidos.

Dios mío, por favor mándanos un milagro que nos una de nuevo. Que seamos un pueblo, una familia en la que todos se amen y vivan como Tú lo deseas. Por favor, Dios, Ruanda necesita tu ayuda.

Creo que al paso de los años Dios ha respondido a esta oración a través del Presidente Paul Kagame, que abolió las credenciales tribales que separaron y dividieron a los ciudadanos de Ruanda durante tantas generaciones. Uno de los días más felices de mi vida fue cuando él se dirigió al pueblo y proclamó que a partir de ese día, nadie en el país se clasificaría como Hutu, como Tutsi o como Twa.

"De hoy en adelante", prometió, "ya no habrá tribus. Somos una familia; somos el pueblo de Ruanda".

Yo creía que Dios haría que las palabras del Presidente Kagame llegaran a ser la realidad de Ruanda.

Capítulo 8

Buscando milagros

"Damascene, ¿eres tú? ¿Estás vivo?
El hombre que estaba frente a mí levantó las manos para proteger su rostro, pensando que una mujer demente estaba a punto de atacarlo.

"Lo siento, señor. Lo siento mucho", murmuré antes de alejarme a toda prisa por la calle. Pero en la siguiente esquina, volvió a suceder: un poderoso destello, sentí que reconocía a alguien, una sacudida dolorosa, pero llena de gozo, y una reacción física incontrolable.

"¡Espera!", grité corriendo detrás de otro hombre; puse mis manos sobre sus hombros, lo giré hacia mí y lo miré de frente.

Damascene, ¿eres tú? ¡Ah, estás vivo! Mi mente remolineaba. Entonces, una vez más, después de mi abrumadora frustración emocional siguió una acongojada disculpa ante un desconocido muy sorprendido.

Por primera vez en mi vida había salido de Ruanda, y me sentía bastante perdida. Había viajado a Nairobi, capital de Kenia, para solicitar una visa para viajar a Canadá, pues un amigo de la ONU le había pedido a un familiar suyo que me asesorara. Yo ni siquiera sabía dónde estaba Canadá, pero sentía que estaba muy lejos y que sería un buen lugar para volver a empezar.

Como en Ruanda los consulados todavía estaban cerrados a causa del genocidio, hice un viaje de 24 horas en autobús para llegar a Nairobi y a la embajada canadiense más cercana. En cuanto me bajé del autobús, el ruido, el calor y las multitudes me abrumaron, no podía dar un paso sin chocar contra alguien. Las calles estaban repletas de taxis, minibuses y autobuses; enormes aviones rugían en las alturas; me envolvía el zumbido agudo de cientos de motocicletas, y el espeso humo oscuro que llenaba el aire me quemaba los pulmones y hacía que mis ojos se llenaran de lágrimas. Nunca había yo estado en un lugar así.

Antes de abordar el autobús en Kigali, me advirtieron que en Nairobi había mucha gente, pero nada podría haberme preparado para lo que encontré. Nunca habría creído que existiera un lugar así; después de todo, ¡habría sido imposible para mí imaginar cómo sería estar entre dos millones de personas! Todas apretujadas, pero capaces de caminar en diferentes direcciones. *¡Dos millones de personas!* Parecía imposible que tanta gente pudiera estar en un mismo lugar; tal vez Dios las reunió aquí por alguna razón.

Quizás sólo era la tensión de estar atrapada en un autobús sin aire durante todo un día y una noche, el horror de todo lo que había visto en las aldeas destruidas por las que pasamos al salir de Ruanda, o la ansiedad de salir de mi país por primera vez en mi vida. Sin importar la razón, en cuanto salí de la estación de autobuses, mi mente empezó a jugarme bromas. De alguna manera decidí que Nairobi era parte del cielo, así que era perfectamente lógico que mis padres y hermanos estuvieran caminando entre la multitud. Lo único que tenía yo que hacer era mantenerme alerta y encontrarlos. Y de hecho pude verlos. Los rostros de cada uno de los seres queridos que había yo perdido aparecían en medio de la gente que pasaba junto a mí, bajo el ardiente sol de Kenia. En una hora ya había yo detenido a por lo menos cuatro jóvenes, convencida de que se trataba de mi hermano Damascene.

"¿QUÉ HICISTE?", PREGUNTÓ MI AMIGA DOROTHÉE, riéndose de mí cuando llegué al cuarto, en un segundo piso, donde ella vivía con su hijita Liberate. "Te van a encerrar, Immaculée. No puedes andar por las calles de Nairobi actuando como loca. ¡Y definitivamente no puedes detener y abrazar a hombres que no conoces!".

"Lo sé Dorothée, lo sé", le dije, riéndome de mí misma. Pero te juro que los pude ver a todos entre la multitud, al menos estoy segura de haber visto a Damascene". Miré hacia la calle llena de actividad desde la ventana. "Hay tanta gente que mis padres y hermanos deben estar aquí. ¿Por qué no?".

Dorothée había escapado a Kenia, pasando por Tanzania, después de que empezó el genocidio, pero para cuando pudo escapar, su padre y sus hermanos ya habían sido asesinados. Ella corrió hacia la frontera de Ruanda con su hijita en los brazos, y pudo cruzar Tanzania a pie y llegar a Nairobi, donde tenía algunos familiares. Había adoptado una actitud práctica ante la vida y no le dio importancia a mi convicción de que los miembros de mi familia de alguna manera habían resucitado de entre los muertos y estaban vivos y saludables, caminando por las calles de la ciudad.

"Immaculée, tú misma sepultaste a tu madre y a Damascene, y sabes que Vianney y tu padre están muertos. ¿De qué hablas?".

"Sé que parece una locura, pero no puedo deshacerme de la sensación de que ellos están aquí. ¿Sabes?, yo nunca vi los cuerpos de papá y de Vianney, y mamá y Damascene sólo eran huesos cuando los sepulté, así que técnicamente, existe la posibilidad de que sigan vivos".

"Estás chiflada", dijo mi amiga moviendo la cabeza, pero como seguí insistiendo con lo mismo durante una hora, Dorothée empezó a pensar que había algo de verdad en lo que yo decía.

"Seguramente también estás haciendo que yo enloquezca", me dijo. "Pero si tu familia está viva, es probable que *mi* familia también lo esté". Tomó a Liberate en sus brazos y las tres bajamos a las calles de Nairobi para buscar a nuestros seres queridos. Detuvimos tal vez a una docena de personas, seguras de que eran nuestra gente, pero por supuesto no lo eran. Después de varias horas, regresamos al cuarto de Dorothée. Exhaustas, nos dejamos caer en su cama en medio de lágrimas y carcajadas por lo tontas que habíamos sido. Nos reímos hasta que nos dolieron los músculos de la cara.

"Immaculée, mira por la ventana; ¿realmente crees que el aire del cielo está contaminado?".

Dorothée y yo bromeamos sobre esta aventura demente el resto de la semana que estuve con ella. Mi solicitud de visa fue rechazada, pero mi viaje a Nairobi mejoró mi estado de ánimo y me mostró que Dios encuentra muchas formas de hacernos reír, incluso en lo más profundo de nuestra desesperación. También aprendí que cuando sufrimos una pérdida demasiado grande para poder soportarla, nuestro corazón y nuestra mente se abren a los milagros y hasta un milagro pequeño puede fortalecer nuestra fe y ayudarnos a sobrevivir.

DESPUÉS DEL HOLOCAUSTO CIRCULÓ POR RUANDA la historia de un milagro relacionado con una niña de cuatro años llamada Mimi. Yo la escuché por primera vez cuando me la contó mi amiga Lilly, quien la escuchó del ministro presbiteriano, a quien se la contó un prisionero Hutu que aseguraba haber sido testigo de los hechos. Independientemente de su origen, se extendió con tal rapidez entre la gente de Ruanda que era difícil encontrar a alguien que no la hubiera oído; pero también, aunque parezca increíble, era difícil encontrar a alguien que no creyera que era verdad.

Según contaban, Mimi vivía en una aldea remota, en una región boscosa a orillas del río Akagera, cerca de Tanzania. Cuando el Intrahamwe llegó a su casa, Mimi, sus padres y sus hermanos, junto con cientos de sus vecinos Tutsis, arriesgaron la vida y corrieron hacia el bosque. Pero Mimi no pudo caminar tan rápido como ellos y se quedó atrás. Se escondió bajo unos arbustos, pidiéndole a Dios que la salvara, pero los asesinos la encontraron. Uno de ellos la atrapó y otros empezaron a torturarla con sus lanzas. De pronto, una leona salió de la maleza, rugió ferozmente y empezó a acercarse a los hombres, que corrieron despavoridos.

Cuando volvieron más tarde, buscando a Mimi, encontraron de nuevo a la feroz leona, y de nuevo huyeron. Durante los siguientes tres meses, la leona permaneció cerca de Mimi, no sólo para protegerla de los asesinos, sino para alimentarla con plátanos y carne que le traía del bosque en el hocico. Cuando terminó el genocidio, los padres de Mimi fueron a buscarla y vieron a la leona echada frente a su hija. En esta ocasión la leona no rugió; se fue tranquilamente al bosque y desapareció.

La mayoría de las personas que escuchaban esta historia creían que la leona era un ángel de Dios que había tomado la forma de un animal poderoso para proteger a una de sus hijas más débiles. Pero muchos se preguntaban por qué Dios venía a la Tierra como un animal para salvar sólo a una niñita ¿Por qué no salvaba a todos los niños?

Creo que sólo Dios sabe la respuesta, y tal vez a nosotros no nos corresponda saberla. Pero creo que a la gente de Ruanda le agrada contar la historia de Mimi una y otra vez, aunque podría no ser verdad, pues es un mensaje sencillo que dice mucho a los sobrevivientes del holocausto: No importa cuán desesperada llegue a ser la vida, Dios puede usar su poder para amar y proteger a los más vulnerables de sus hijos.

OTRO RELATO SOBRE UN MILAGRO QUE LLEGÓ A SER FAMOSO EN MI PAÍS es el de Leo y su familia. Leo era un granjero Tutsi que tenía una fiel esposa y ocho hijos. Eran cristianos devotos, oraban juntos todas las noches y tenían una fe profunda. Dos meses antes del genocidio, Leo estaba en el campo, cosechando camotes, cuando recibió un mensaje de Dios. Vio una luz brillante frente a sí y escuchó una voz que le decía que dejara de trabajar, que dejara sus cosechas y dedicara los próximos dos meses a la oración y al ayuno, con su familia.

"Oren para que los vientos del mal que pronto asolarán esta tierra no sean permanentes", dijo la voz. Cuando Leo regresó a su choza, se enteró de que todos los miembros de su familia habían recibido mensajes similares. Durante dos meses, los diez miembros de la familia de Leo vivieron sólo de agua y un puñado de semillas de cassava en la noche, y lo único que hacían era orar. Llegaron a ser blanco de burlas en la comunidad: los hombres llegaban a la choza de Leo para reírse de la familia que rezaba mañana, tarde y noche, mientras los cuervos se comían sus cosechas.

No obstante, la familia rezó durante todo el mes de febrero, y luego durante todo el mes de marzo. Siguieron rezando hasta que los asesinos llegaron a su aldea durante la temporada lluviosa de abril, cuando empezó el holocausto. Todos los vecinos Tutsis de Leo trataban de huir y salvar su vida, pero él y su familia salieron de su choza y recibieron tranquilamente a los asesinos con una sonrisa.

"Ésta es la familia a la que le gusta tanto rezar que olvidaron huir cuando tuvieron la oportunidad de hacerlo. ¿Quieren morir con esa estúpida sonrisa?", dijo uno de los asesinos a Leo.

"Dios nos ordenó rezar para que los corazones de los hombres puedan vencer esta maldad", respondió el granjero. "Hemos hecho lo que Él nos pidió y nos iremos al cielo hoy mismo. Ustedes pueden acabar con nuestros cuerpos, pero no con nuestro espíritu. Los compadezco por la maldad con la que han llenado su alma; sus tinieblas los ciegan y no pueden ver a Dios".

Y en ese momento toda la familia cayó muerta, antes de que los asesinos pudieran hacer algo. La mayoría de los asesinos pensaron que habían sido testigos de un milagro y abandonaron sus machetes, pidieron perdón a Dios y nunca volvieron a matar a nadie. Pero otros, que dijeron que Leo y su familia habían perdido la vida por dejar de comer, siguieron matando hasta que ya no tuvieron nadie más a quien matar.

Los pastores y sacerdotes de Ruanda con frecuencia usan una tercera historia de un milagro de intervención Divina para animar a la gente a orar.

Karoli era comandante del RPF, el ejército rebelde Tutsi que venció al gobierno Hutu y acabó con el genocidio. Después, lo nombraron encargado de seguridad en la provincia de Gisenyi, al noroeste del país, donde yo había estudiado la preparatoria.

Gisenyi, que está en la frontera con Zaire, tenía una numerosa población de extremistas Hutus y de personas que apoyaban el holocausto. Algunos grupos del *Interhamwe* que habían escapado a las espesas junglas de Zaire después del genocidio, a menudo regresaban furtivamente a Ruanda durante la noche para matar a las familias Tutsis. Cientos de personas inocentes siguieron siendo asesinadas en Gisenyi, y por eso era muy peligroso para los Tutsis vivir ahí. El Comandante Karoli y sus hombres siempre tenían que estar alertas.

Como muchas iglesias habían sido destruidas, la gente a menudo se reunía en las casas o en espacios abiertos para venerar a Dios y para orar. Esto preocupaba y enfurecía a Karoli porque la mayoría de esas personas eran Hutus y él sospechaba que sus reuniones de oración eran en realidad reuniones políticas. Recorría las aldeas con sus soldados, quienes disparaban sus ametralladoras sobre la cabeza de los Hutus que se reunían en grupos de tres o más personas, o incluso disparaban contra los campanarios de las iglesias donde la gente estaba rezando. Esto aterrorizaba a hombres y mujeres, quienes salían corriendo y abandonaban sus oraciones.

Karoli dijo que si se permitía que los Hutus se reunieran, aunque en realidad estuvieron alabando a Dios, acabarían conspirando contra sus vecinos Tutsis y preparándose para otro genocidio. "Si hoy se reúnen con Biblias en las manos, mañana se reunirán con machetes", aseguraba.

Lo único que inspiraba en el Comandante más desconfianza que los Hutus, era la oración. Como les pasó a muchos soldados Tutsis, había visto tanta maldad que su corazón se había alejado de Dios.

Un día, Karoli estaba en una taberna tomando cerveza de banana con sus guardaespaldas cuando se le acercó un joven aterrorizado: "Lamento molestarlo, señor, y en circunstancias normales nunca me atrevería a decir lo que estoy a punto de decirle, pero tengo un mensaje para usted", dijo el joven. "Mire, Dios habló conmigo anoche en un sueño y me dijo que viniera a esta taberna y le dijera que debe dejar de dispararle a la gente que le está rezando a Dios. Vine a la taberna y aquí está usted, señor. El sueño fue tan real que tuve que decirle que es la voluntad de Dios que usted permita que la gente rinda culto a Dios".

"¿Por qué vienes a decirme cómo debo hacer mi trabajo? ¿Eres un insurgente?", preguntó Karoli. "¿Trabajas para el *Interahamwe*?". Golpeó al muchacho en la cara con la mano derecha y les dijo a sus guardias que lo sacaran y lo obligaran a callar. Los guardias obedecieron las órdenes del comandante, golpearon al muchacho y lo encarcelaron.

Karoli no tomó en serio lo que le dijo el muchacho. Aunque nunca mató a nadie, siguió dispersando las reuniones de oración de los Hutus con ametralladoras.

Dos semanas después, un hombre de edad avanzada se acercó al comandante y le dijo: "Señor, Dios me ordenó en un sueño que le dijera que deje de perseguir a la gente que está rezando. Dice que usted debe investigar más a fondo antes de dispersar un grupo de oración, porque la gente que usted está atacando está demostrando su amor a Dios".

"Así que Dios habla contigo, ¿eh?", interrumpió Karoli.

"No señor, sólo esta vez, pero habló muy claro. Me pidió que le dijera que Él protege a su pueblo y no va a tolerar que se persiga a sus fieles".

Karoli le dio una bofetada al hombre con la mano derecha y ordenó que lo golpearan y lo refundieran en la cárcel junto al otro mensajero. "¡Vamos a ver si ahora puedes escuchar a Dios desde una celda en la cárcel!", gritó cuando sus hombres se lo llevaban.

Al día siguiente Karoli recibió una tercera visita, en esta ocasión una anciana fue a verlo al cuartel. "Dios me dijo que le dijera que deje de perseguir a sus hijos", dijo la anciana. En Ruanda se respeta mucho a los ancianos y a las mujeres, así que Karoli no se atrevió a atacarla. Le dio las gracias por su visita y ordenó que la hicieran salir del cuartel.

Esa noche el comandante se quedó dormido en la sala, mientras escuchaba la radio. Poco después escuchó una voz que le decía: "Karoli, tu corazón es duro y se opone a mí. Te he advertido que no persigas a quienes elevan a mí sus oraciones, pero has ignorado mis mensajes. Ahora voy a obligarte a escucharlos. Debes saber que Dios ama y protege a sus hijos, Karoli. Yo los amo y soy su Dios. Ahora tú estás escuchando mi voz, pero sigues indiferente a mis palabras. Mañana, exactamente a las seis de la tarde, te obligaré a escucharme; te mostraré que también soy tu Dios".

El Comandante Karoli despertó sobresaltado. Aunque había escuchado la voz, se negaba a creer que fuera la voz de Dios. Llamó a sus hombres y les ordenó que buscaran por toda la casa y se aseguraran de que no hubiera insurgentes Hutus que pudieran estarle jugando una broma pesada, pero sus hombres no encontraron señales de que alguien se hubiera acercado a su casa. Karoli dejó de preocuparse por la voz y decidió que lo que había escuchado era la radio.

Para evitar que sus subordinados se burlaran de él, no comentó su sueño con nadie. Sin embargo, tomó sus precauciones y al día siguiente ordenó que se apostaran centinelas cerca de su casa. Para asegurarse de no estar solo, organizó una comida e invitó a todos sus amigos. Pero al transcurrir la tarde su nerviosismo aumentaba; antes ya se había enfrentado a la muerte muchas veces en su vida en la milicia, pero ahora se sentía como un muchachito que va a recibir una paliza en la escuela.

A las seis de la tarde, como había advertido la voz, el cielo se oscureció y un fuerte viento descendió sobre la casa de Karoli. Sus amigos y los soldados se tiraron al suelo para protegerse, pero el comandante permaneció de pie, sosteniéndose en un árbol para no ser derribado por el viento. Cuando el viento lo golpeó, él sintió un dolor penetrante en su brazo derecho.

La tormenta terminó tan abruptamente como había comenzado, y Karoli miró su brazo. Aterrorizado, se dio cuenta de que un trozo de metal que estaba entre los escombros había cercenado su mano derecha. El dolor no parecía desconcertarlo; levantó el muñón sacudiéndolo contra el cielo y gritó: "*¡Imana intawaye ukuboko yo kabura inka!*", que literalmente significa: "Dios me arrancó una mano, ojalá Él nunca tenga una vaca". En nuestro país, donde las vacas siempre han tenido más valor que ninguna otra posesión, ésta es la peor maldición que se puede lanzar contra alguien.

Los amigos del comandante y los soldados fueron testigos de este extraño suceso, y algunos de ellos llevaron al comandante al hospital de inmediato. Aunque parezca asombroso, su brazo no estaba sangrando cuando llegaron, al instante se había formado una cicatriz sobre la herida. El médico que lo trató dijo que nunca antes había visto una lesión así.

La ira de Karoli se desvaneció, él se arrepintió y se volvió devoto de Dios y de la oración. Estudiaba la Biblia todos los días y varios meses después, en lugar de dispersar las reuniones de oración, empezó a organizarlas. Renunció al ejército y poco después era famoso en todo el país como uno de los eruditos bíblicos más importantes y como un gran predicador.

Me gusta la historia del Comandante Karoli porque revela la forma en que Dios cuida de aquellos que lo veneran y hace que quienes persiguen a sus fieles se conviertan en sus mejores defensores. Como Saulo en el camino de Damasco, Karoli necesitaba ser testigo presencial del poder de Dios para convertirse. La conversión de un perseguidor tiene también un mensaje muy profundo, un mensaje que me ha inspirado y ha inspirado a miles de personas a lo largo de los siglos: independientemente de la religión que tengamos, la oración es una comunicación poderosa y sagrada con nuestro Padre, y debe respetarse.

Mi amiga Leona compartió conmigo un milagro parecido al de Karoli, que de la noche a la mañana transformó el profundo odio que su hermano sentía, en una actitud de amor y perdón.

A pesar de ser un cristiano que había renacido, Etienne despreciaba a todos los Hutus. "Tengo un acuerdo con Dios", decía, "lo amaré, lo honraré y obedeceré los mandamientos, pero Él debe entender que yo odio a los Hutus".

Su hermana le recordaba que su madre era Hutu de nacimiento, que había sangre Hutu en sus venas y que muchos Hutus habían perdido la vida tratando de acabar con el genocidio, como la familia que estuvo dispuesta a proteger a sus primos.

"No me importa, Leona", le decía. "Unas cuantas buenas obras no compensan un millón de asesinatos. Nunca voy a perdonarlos, y creo que Dios tampoco los perdonará. En lo que a mí concierne, todos los Hutus pueden irse directamente al infierno".

Etienne y Leona habían regresado recientemente del país vecino de Burundi, donde se habían protegido del holocausto junto con otros miembros de su familia que habían huido de Ruanda durante el golpe de estado de 1973. Etienne y Leona fueron afortunados al poder salir del país, pero cuando regresaron se enteraron de que muchos miembros de su familia no habían sido tan afortunados: dos de sus hermanos y todos sus tíos, tías y primos, habían sido asesinados.

Aunque los miembros de la familia de Etienne habían sido cristianos devotos y sabían que el perdón era una de las virtudes más importantes, él llevaba el dolor y el enojo como un crucifijo. Escuché que cuando su hermana le pidió que recordara que Jesús nos pidió que ofreciéramos la otra mejilla a los malvados, él le respondió: "Lee Deuteronomio 19:21, Leona, 'No muestres piedad; cobra una vida con una vida, ojo por ojo, diente por diente, mano por mano, pie por pie'. Yo no muestro piedad. Sigo la ley de la retribución, no la regla del perdón".

Pero una noche Dios le mandó a este muchacho un sueño que cambió su vida.

Etienne soñó que estaba en el *Interahamwe*. Su rostro y su ropa estaban cubiertos de sangre y aunque lo intentara, no podía arrancar de su mano un machete sangriento. Era tan pesado que sentía que iba a perder su brazo. Donde quiera que fuera, la gente lo reconocía como un asesino, lo odiaba y buscaba la forma de vengarse de él. Sin importar hacia donde volteara, estaba rodeado por las familias cuyos miembros él había asesinado. Eran cientos de personas que lo perseguían con los brazos extendidos y señalaban su pecho. Repetían una palabra al unísono, como el macabro latido de un corazón: "Asesino, asesino, asesino, asesino".

Etienne corrió sin parar, pero no podía alejarse de las familias de sus víctimas. Trató de excavar un hoyo para esconderse, pero su machete hería sus brazos. Se llenó de temor cuando las manos de sus víctimas brotaron de debajo de la tierra, tratando de agarrarlo. Cuando huyó a una iglesia para pedir perdón a Dios, no pudo abrir la puerta y se dio cuenta de que él mismo la había clavado para que no pudiera abrirse. De pronto, la iglesia estaba en llamas y él podía escuchar los gritos de los niños en su interior; todos gritaban su nombre. Se cubrió los oídos y se dio la vuelta, pero ahí estaban los padres de los niños, señalándolo y diciendo a coro: "Asesino, asesino, asesino".

Nadie sentía compasión por Etienne: sus vecinos lo odiaban, Dios lo odiaba, y él se odiaba a sí mismo. Desesperado, corrió hacia un acantilado a la orilla del lago Kivu y trató de lanzarse al vacío, pero sus pies se quedaron fijos en la roca. Allá abajo estaba el agua, a sus espaldas, sus crímenes.

Despertó bañado en sudor, y gritó de alegría cuando se dio cuenta de que sólo era un sueño. No era real; ¡Él no era un asesino! Corrió a donde estaban sus padres y su hermana y los abrazó. "¡Gracias a Dios que no estoy en el *Interahamwe*! ¡Gracias a Dios que no soy un asesino!", exclamó. Inmediatamente después, Etienne se arrodilló y le pidió a Dios que lo perdonara por odiar a los Hutus. "Por favor, Señor, ayuda a los asesinos a encontrar la paz en su corazón. Ayúdales a enfrentar sus propios pecados y a encontrar el valor que necesitan para enfrentarse a ti con la verdad".

Después de ese sueño, Etienne empezó a decirles a los otros Tutsis que en lugar de odiar o maldecir a los Hutus que habían cometido tales atrocidades, deberían compadecerse de ellos por lo que habían hecho contra sí mismos. Siempre estuvo de acuerdo en que los asesinos fueran llevados ante la justicia, pero estaba dispuesto a visitar a los convictos en prisión y a hablarles del poder del perdón de Dios.

Yo, al igual que Etienne, estaba de acuerdo en que era necesario enfrentar la verdad o la justicia. Se habían cometido crímenes tremendos que tenían que ser castigados, pero tenía claro que nunca sanaríamos como individuos o como nación si no podíamos perdonar a otros y perdonarnos a nosotros mismos. Como nos dice la Biblia, lo mejor es cuidar nuestro corazón y darle amor; podemos dejar la venganza en manos de Dios.

PARA TERMINAR, ÉSTA ES LA HISTORIA DE UN MILAGRO de naturaleza más pacífica; a menudo lo comparto con otros cuando les hablo del poder de la oración.

Chinaza y su esposo, Kelechi, eran misioneros protestantes que dedicaban mucho tiempo a trabajar con las iglesias pobres en todo el continente africano. Eran jóvenes nigerianos que habían trabajado como voluntarios para la ONU en repetidas ocasiones y llegué a forjar una muy buena amistad con ellos. A menudo hablábamos por largo rato sobre la forma en que Dios dispone las cosas en nuestra vida cuando usamos el poder de la oración.

Cuando Chinaza y Kelechi supieron que iban a tener su primer hijo, regresaron a Nigeria, pero antes de irse hicieron que les prometiera que iría a verlos a la ciudad de Lagos para el bautizo de su bebé. Seis meses después recibí una carta con la foto de una hermosa niña llamada Abebi, junto con un boleto de avión.

Para ir a Nigeria, primero tenía que conseguir que la embajada en Nairobi pusiera un sello en mi pasaporte. Conseguí un viaje con escalas para un jueves en la noche, para poder conseguir la visa el viernes, y luego planeaba volar a Lagos el sábado, para tener algo de tiempo libre antes del bautizo que era el domingo. Tenía suficiente dinero para quedarme en un cuarto barato una noche, comprar algo de comida y pagar un taxi para llegar al aeropuerto.

Todo parecía estar bien hasta que llegué a la embajada en Nairobi el viernes en la mañana.

"Lo siento, el encargado de las visas tuvo que salir en una misión", dijo la mujer que estaba en el mostrador. "Venga la próxima semana".

"¡Pero yo tengo que viajar mañana!" exclamé presa del pánico. "Perderé mi boleto de avión y no tengo dinero para pagar hospedaje y comida; ¡Tengo que estar en Lagos el domingo para un bautizo!".

"Usted tiene muchos problemas, pero no va a obtener una visa", dijo la mujer con una actitud grosera. "La oficina está cerrada hasta la próxima semana, así que vuelva al lugar de donde vino".

Me senté en la banca de la sala de espera, saqué el rosario de mi padre y puse el asunto en manos de Dios. Oré en silencio diciendo: *Bueno, Señor, necesito un milagro. Dices en la Biblia que todo es posible para aquellos que tienen fe. Yo tengo fe en que Tú quieres que vaya al bautizo de Abebi, así que lo dejo en tus manos. Creo en ti con toda el alma, y estoy segura de que tendré el sello de esa visa. Gracias por responder a mi oración.*

Después de orar durante varias horas, abrí mi pasaporte como si esperara ver el sello de la visa. Todavía no estaba ahí, pero yo sabía que pronto lo estaría; así que me senté, esperando que ocurriera un milagro. Mientras esperaba, hice todo lo que pude para considerar los aspectos que estaban a mi favor, empezando con llenar mi corazón de perdón. Tomé mi rosario y recé por todas las personas que me habían ofendido, perdonándolas y mencionando su nombre. Luego oré pidiendo perdón a todos los que yo había ofendido, y mencioné sus nombres.

Ya era mediodía, abrí mi pasaporte y busqué la visa: todavía no estaba ahí.

La mujer del mostrador pasó por ahí y dijo: "¿Qué estás haciendo aquí todavía? Te dije que la oficina de visas está cerrada, y no va a abrir sólo porque tú te sientes aquí todo el día".

"Entiendo", respondí. "Pero espero que no le moleste que yo me quede sentada aquí". Sabía que si tenía fe sólo estaría ahí poco tiempo y pronto tendría mi visa.

"Como quieras, pero no vas a conseguir una visa. Es imposible. Nadie está autorizado para dártela, y la oficina está cerrada", dijo la mujer sin inmutarse, dejándome sola en la sala de espera.

Mientras esperaba que Dios me respondiera, seguí purificando mi corazón y rezando el rosario para llenar el tiempo. Después de perdonar a todas las personas que pude recordar, repetí sus nombres de nuevo, pero en esta ocasión mandé una oración y una bendición a cada una de ellas. Luego pensé en cada bendición y en cada don que yo había recibido de Dios a lo largo de los últimos dos años, y le di las gracias por cada uno.

"Lo siento, señorita, pero vamos a cerrar la oficina durante el fin de semana", dijo la mujer del mostrador, aunque lo hizo con una actitud más bondadosa. "Me temo que tengo que pedirte que te vayas y vuelvas la próxima semana".

Abrí mi pasaporte y busqué el sello de la visa, absolutamente segura de que Dios se había encargado del asunto. Pero todavía no estaba ahí.

"Lo siento", le dije a la mujer, que me miraba compasiva. "Ya me voy".

En cuanto salí del edificio de la embajada me senté en una banca y de nuevo abrí mi pasaporte. No tenía la visa.

¿Qué pasa, Dios mío? La embajada está cerrando. ¿Cuánto tiempo quieres que espere?

Yo sabía que con un poco de fe podemos mover montañas, así que esperé a que llegara una montaña. Dios me respondería si yo conservaba mi fe; yo era la que decidiría tener fe o darme por vencida; decidí tener fe.

Miré las aves volando por los cielos, miré los árboles y el sol; y miré las flores de los jardines. En ese instante, entendí que Dios había puesto en el mundo muchas cosas hermosas por las que podía darle gracias mientras esperaba. Empecé dándole gracias por las nubes, el cielo, la humedad, los grillos y por todo lo que podía ver, escuchar o sentir.

Estaba oscureciendo, y Dios todavía no había puesto un sello en mi pasaporte. *No dudo que vas a hacerlo, Señor. Pero supongo que tendré que pedirte que sea rápido. ¿Podríamos establecer una hora límite para esta visa, digamos para las 7 p.m.?*

A las 6:45 se abrió una ventana de la embajada y la mujer que había sido tan grosera conmigo se asomó y me llamó. "No pude creerlo cuando vi por la ventana y me di cuenta de que estabas sentada ahí. Por favor dame el nombre y la dirección de las personas que vas a visitar en Lagos", dijo con una actitud bastante amable.

Veinte minutos después, llegó un coche a la embajada, el conductor bajó de un salto y abrió la puerta trasera. "¿Viniste a solicitar una visa?", preguntó un hombre alto y de aspecto formal que bajó del coche.

"Sí, señor".

"Sígueme".

Unos minutos después estaba yo de nuevo en la embajada, pero ahora estaba viendo cómo el hombre ponía mi pasaporte sobre su escritorio y le ponía un sello, una visa para Nigeria.

"Mi asistente no le hace favores a nadie, así que no sé qué clase de magia usaste con ella, pero me insistió con varias llamadas telefónicas hasta que vine a verte", explicó el hombre que resultó ser el encargado de las visas. "Tienes que decirme por qué esperaste todo el día. ¿Qué hizo que estuvieras tan segura de que podías obtener una visa cuando la oficina estaba cerrada?".

"Dios", le dije con una sonrisa. "Tuve fe en que Él haría un milagro y lo hizo. Lo único que necesité fue fe y paciencia".

Capítulo 9

Un sueño se hace realidad

Un auténtico milagro que Dios hizo para mí en esta vida fue guiarme para poder conseguir un empleo en las oficinas de las Naciones Unidas en Kigali.

Era prácticamente imposible que alguien consiguiera trabajo en Ruanda después del genocidio. Poco después de que el gobierno extremista Hutu iniciara el holocausto, cerró el país a las actividades comerciales. Los funcionarios del gobierno Hutu incluso hablaban por radio ordenándole a los ciudadanos que dejaran de trabajar y elevaran la cifra de los asesinatos: "Su trabajo ahora es matar Tutsis; no habrá ningún otro trabajo para nadie hasta que esta tarea se lleve a cabo y todas las cucarachas Tutsis estén muertas".

Los bancos, los mercados y las tiendas de todo tipo se cerraron. Se alejó a los agricultores de sus campos y se les entregaron armas, se sacó a los estudiantes de las escuelas y se les armó con machetes, y los encargados de recoger la basura se convirtieron en encargados de recoger cadáveres. La economía cambió de la noche a la mañana de la agricultura y el comercio, al asesinato y la violación.

Al salir de la capital, el ejército Hutu obstaculizó toda posibilidad de recuperación económica, pues prendió fuego a una gran cantidad de registros financieros, destruyó documentos del gobierno y saqueó por completo la ciudad de Kigali. Robaron todo lo que pudieron, desde computadoras, hasta muebles de baño; lo empacaron todo en autobuses militares y lo enviaron a Zaire, donde los asesinos se reagruparon. Antes de retirarse, cortaron las líneas eléctricas, contaminaron los suministros de agua, incendiaron escuelas y hospitales, y bombardearon puentes y carreteras. Incluso envenenaron las existencias de semillas para así destruir las cosechas del año siguiente.

No dejaron nada que pudiera ayudar al nuevo gobierno Tutsi, de modo que pudiera subsistir o alimentar a los sobrevivientes asolados por el hambre. Los autobuses de refugiados de las Naciones Unidas recogían a miles de personas sin hogar de las calles y las llevaban a los campos de refugiados que ya estaban repletos y que se encontraban en todo el país. Nunca pude olvidar esos campos de refugiados porque todas las personas que yo conocía temían acabar en ellos, que es lo que les había pasado a la mayoría de sus familiares que habían sobrevivido al genocidio.

Casi todos mis primos, tíos y tías habían sido asesinados. Milagrosamente, me topé con cinco miembros de la familia en el campamento francés, después de salir de la casa del pastor; dos de las hermanas de mi madre, Esperance y Jeanne, y las tres hijas de Jeanne, Consolee, Chantal y Stella. El esposo de Jeanne y sus tres hijos varones habían sido asesinados, toda la familia de Esperance había sido exterminada, y mis primas habían sufrido abusos indescriptibles a manos de los soldados Hutus.

Mis tías y primas lograron escapar al bosque y vivir solas en la profundidad de la selva durante tres meses, comiendo larvas, hojas y corteza de los árboles. Cuando me reuní con ellas estaban casi muertas, hambrientas, cubiertas de llagas y moretones, aletargadas y casi comatosas. Su ropa estaba tan maltratada que casi no cubría su desnudez.

Yo fui a Kigali después del genocidio, pero mis tías y primas se habían quedado en la provincia de Kibuye y habían enfrentado grandes dificultades, tratando de sobrevivir. Esperance había sido ama de casa y había trabajado en un hospital, pero ya no tenía una casa y los hospitales habían sido destruidos. Jeanne había sido maestra, pero las escuelas estaban en ruinas, y sus estudiantes estaban muertos o habían huido. Ninguna de mis tías tenía dinero, ni trabajo, y tenían que mantener a tres jovencitas; el único lugar donde pudieron ir fue a un campo de refugiados.

Era difícil viajar en Ruanda sin ver estos campos que parecían un mar de tiendas de campaña color café y azul que cubría los valles y las laderas de las colinas. Y cientos de miles de refugiados, cuyas casas habían sido quemadas o que habían tenido que huir y esconderse, sobrevivían con los paquetes de alimento deshidratado que a veces les llegaban, y pasaban sus días entre una suciedad hedionda rodeada de trincheras llenas de excremento humano.

Los campos estaban sucios y llenos de enfermedades y peligros; eran lugares viles y violentos, donde la violación y el asesinato estaban a la orden del día y las enfermedades se extendían como reguero de pólvora. Los sobrevivientes Tutsis sufrieron la humillación adicional de vivir entre multitudes de asesinos del *Interahamwe* que aparentaban ser víctimas. Pero lo triste era que, para la mayoría de los refugiados, vivir en estos albergues era mejor que vivir en las calles, sin hogar y sin nada que comer.

Mis tías y mis primas estaban en uno de los campos de refugiados más grandes y sobrepoblados del país, cerca de la población de Gitarma. Yo no podía permitir que mis tías y primas languidecieran en un mundo tan nefasto. Pero si yo no tenía trabajo, no tenía posibilidad alguna de ayudarles, excepto con mis oraciones.

Mi vida en Kigali era mucho mejor que la de la mayoría de la gente de Ruanda. Dios realmente me había bendecido, pues aunque estaba en el campo de refugiados francés, había sido adoptada por una mujer llamada Aloise, que era corpulenta, peleonera, pero bondadosa. Aunque había estado en una silla de ruedas casi toda su vida debido a secuelas de polio, había tenido mucho éxito prestando servicios para responder a las necesidades de embajadores y funcionarios del gobierno. Logró el éxito gracias a su excelente formación académica, gran parte de la cual había pagado mi madre, que admiraba la determinación de Aloise cuando era estudiante y decidió ayudarle.

"Tu madre me salvó", me dijo Aloise cuando nos presentaron. "Rose fue un ángel para mí. Si ella no me hubiera ayudado a pagar mis estudios, nunca me habría graduado".

Yo no sabía que mi madre había hecho eso por Aloise, pero no me sorprendió. Mis padres habían ayudado a muchos niños y jóvenes a terminar sus estudios y habían usado su salario para ayudar a otros, aunque nuestra familia tuviera necesidades.

Al quedar sin el uso de sus piernas, Aloise no perdió su capacidad de crecimiento, ni su personalidad; pesaba más de 90 kilos y su voz y su risa eran tan fuertes que parecían resonar a kilómetros de distancia. "Siempre estaré agradecida con tu mamá, Immaculée. ¡Era una santa!". Lo gritó con tal fuerza que todo el campo de refugiados pudo escucharlo. "¡Voy a pagarle ayudándote a ti!". Así que me invitó, junto con ocho amigas que había conocido en el campo de refugiados, a vivir con ella, su esposo y sus dos hijos pequeños en la casa de la que habían huido durante el genocidio.

En ese momento tenía yo muy pocas opciones, así que acepté la oferta de Aloise. Entonces tuvimos la suerte de conocer a un oficial de alto rango del ejército rebelde Tutsi que no sólo nos llevó en su coche hasta Kigali, sino que nos dio provisiones para vivir durante dos semanas.

La casa de Aloise era como un gran circo ruidoso en el que más de una docena de personas trataban de encontrar un lugar en las únicas dos habitaciones. Dormíamos en el suelo, nos lavábamos en el patio, y todo el día íbamos de un lugar a otro buscando trabajo para no tener que regresar al campo de refugiados.

Mientras estuve oculta en el baño del Pastor Murinzi, tuve de hecho la visión de que algún día trabajaría para las Naciones Unidas, donde se abriría para mí todo un mundo nuevo. Incluso le pedí prestados al pastor unos libros de inglés para poder estudiar el idioma que necesitaría hablar cuando empezara con mi nuevo trabajo.

Cuando llegué a Kigali, estaba segura de que tenía una fluidez funcional en inglés. Claro que nunca había hablado con una persona de habla inglesa, así que me sorprendí cuando nadie entendió lo que dije cuando me presenté en el edificio de las Naciones Unidas, buscando trabajo. Mi mínimo nivel de inglés ni siquiera me ayudaría a cruzar la puerta custodiada por los guardias de seguridad, y mucho menos a llegar a la oficina de personal, así que tuve que dejar mi solicitud de empleo con uno de los guardias. Después de varias frustrantes semanas, me desanimé y me preocupé pensando que tendría que renunciar a mi sueño de trabajar en las Naciones Unidas, pero Aloise dijo algo que me animó mucho.

Fue un lunes en la mañana mientras me preparaba para ir a llevar otra solicitud de empleo a las Naciones Unidas. Aloise me vio de pie frente a un espejo maltratado, tratando en vano de hacer que mi ropa de sobreviviente se viera presentable.

"Vaya, vaya", me dijo cariñosa. "¿Por qué pierdes el tiempo? No hay trabajo para las mujeres de Ruanda, y mucho menos para huérfanas sin amigos, ni conexiones familiares". Aloise podía ser muy generosa y tenía un alma llena de cariño, pero también era una sobreviviente y había desarrollado una actitud dolorosamente práctica en lo relacionado con trabajar y ganarse la vida.

"Mírate Immaculée; vistes harapos, tu cabello es un desastre y no sabes hablar inglés. ¿Qué crees que ve la gente cuando te presentas fuera del edificio de las Naciones Unidas, buscando trabajo? ¡Ven a una limosnera! A una limosnera analfabeta que ni siquiera puede presentar pruebas de que asistió a un instituto o a la universidad. Nunca vas a trabajar en las Naciones Unidas..., pero yo puedo conseguirte trabajo y mucho dinero".

Me observó por un minuto y continuó: "Todavía eres bonita y estás delgada por no haber comido bien durante tantos meses; a los extranjeros les encanta esa imagen, y pagan por ella. Con mis conocidos, yo podría ponerte en contacto con un diplomático africano, o hasta con un hombre blanco. Podríamos casarte temporalmente, digamos un mes o dos, quedarnos con su dinero y dividirlo entre las dos. Después encontraría yo otro hombre rico y haríamos lo mismo. Podríamos seguir haciéndolo durante años. Sería un gran negocio. ¡Piensa en todo el dinero que podríamos ganar!".

Me quedé boquiabierta, sin poder pensar qué decir.

Las carcajadas de Aloise resonaron por toda la casa. "¡Mira tu cara! ¡Estás escandalizada, Immaculée! Estoy bromeando y lo sabes".

Sus palabras me habían asustado. Nadie me había dicho nada tan impactante en mi vida. Y a pesar de la forma en que se reía, yo seguía creyendo que no todo lo que había dicho era broma.

"Pobrecita", dijo Aloise, recuperando el aliento. "No tienes idea de cómo funciona el mundo. Si tienes algo que vender en esta vida, será mejor que lo vendas mientras puedas. Eres muy inocente; ¡no sé cómo has podido llegar a donde has llegado!". Y empezó a reír una vez más.

"Vamos, Immaculée. ¡Sabes que sólo estoy bromeando!". Giró su silla de ruedas y empezó a avanzar por el pasillo, pero antes de desaparecer, se volvió hacia mí y comentó: "Piénsalo, porque realmente ganaríamos mucho dinero". Me cerró el ojo con un dejo de coquetería y entró a su cuarto.

Mirándome en el espejo, pude ver lo que quiso decir Aloise. De hecho estaba yo vestida con harapos; llevaba la misma ropa con que había estado escondida hacía seis meses. Los pantalones y la blusa estaban desgastados por el uso y por las lavadas. Mi cara todavía estaba demacrada, y no me había arreglado bien el pelo desde antes del genocidio. ¡Además, no tenía un centavo! Era tanto lo que tenía que hacer para verme presentable en una entrevista de trabajo, pero no tenía con qué pagarlo. Si no conseguía un trabajo, acabaría en el campo de refugiados con mis tías y mis primas y mi apariencia era la de un campo de refugiados. Salí de la casa y empecé a caminar hacia el edificio de las Naciones Unidas. ¿Dónde más podía yo ir?

CAMINÉ POR LAS CALLES, las palabras de Aloise resonaban en mis oídos y hacían que la cabeza me diera vueltas. No podía estar enojada con ella. Era una persona de buen corazón y me había dado un techo cuando más lo necesitaba. Pero su burda sugerencia me hacía sentir muy mal, y me preguntaba qué clase de país resurgiría de las cenizas del holocausto si la gente estaba dispuesta a vender sus principios morales para sobrevivir. Si seis meses antes alguien me hubiera sugerido la posibilidad de vender mi cuerpo para el sexo, bueno, es el tipo de cosas que nunca habría podido escuchar.

Aunque Aloise estaba bromeando, me ayudó a ver el tipo de lugar que Ruanda podría llegar a ser. Me preocupaba pensar que las personas que habían perdido a sus familias y ya no tenían un lugar donde vivir no pudieran aferrarse a su fe. ¿Cómo podrían existir sus valores en una tierra bañada con la sangre de más de un millón de personas, donde decenas de miles no tenían un lugar donde vivir y tenían hambre?

Una vez más, sentí desesperación al pensar en mi gente y en nuestro futuro. Y entonces escuché en mi mente esa vocecita que ya conocía: *Ríndete Immaculée, es inútil. Nunca vas a encontrar trabajo; vas a acabar viviendo en un sucio campo de refugiados.*

¿Por qué no le haces caso a Aloise? La vida sería tan fácil... podrías salvar a tus tías, podrías salvar a tus pobrecitas primas; piensa lo fácil que sería dejar que un hombre rico se encargue de tus gastos...

Era esa misma voz engañosa que me había acosado en el baño cuando los asesinos estaban cerca; la vocecita que me había dicho que gritara para que nos encontraran, nos mataran y acabaran con nuestro tormento. Entonces sabía, y lo sé ahora, que era la voz del demonio. Pude entender que siempre que la desesperación debilita la luz de Dios, el diablo encuentra un lugar desde el cual murmurar en nuestros oídos. El enemigo nunca duerme; espera nuestros momentos de debilidad para golpearnos con sus tentaciones.

Me puse de rodillas justo en ese momento y le pedí a Dios que mantuviera esa voz de las tinieblas alejada de mí.

Luego pensé en Jesús y en la forma en que había animado a sus discípulos a seguir pescando, aunque sus redes seguían vacías. Cuando confiaron en Él pescaron tanto que sus redes no podían sostener tantos peces. Ésa era la clase de fe que yo necesitaba para encontrar mi lugar en las Naciones Unidas. *Amado Jesús, recé, mantén mi corazón puro y mi fe fuerte. Dame la fuerza para encontrar trabajo cuando no hay vacantes. Haz que mi solicitud de empleo llegue al escritorio de una persona importante, al escritorio de alguien que pueda contratarme. Por favor encuentra la forma en que puedan ver más allá de mis harapos. Confío en ti, y confío en que me vas a cuidar. Amén.*

Me puse de pie e hice una lista mental de lo que necesitaba conseguir para el trabajo. Era una lista corta y sólo incluía ropa nueva y mis registros académicos. ¿Pero cómo podía conseguirlos? No tenía dinero para ir de compras y mis registros académicos estaban a cientos de kilómetros de distancia en la universidad; ése era un viaje que yo no podía hacer sola.

En ese momento, un coche se detuvo junto a mí y sonó la bocina. Era un antiguo profesor de la universidad; me dijo que regresaría al campus al día siguiente y que podía llevarme.

ALGUIEN HABÍA ENTRADO A MI HABITACIÓN A ROBAR, pero encontré mi registro académico. También encontré treinta dólares que había escondido antes del genocidio, y en ese momento eran una fortuna para mí. Regresé a Kigali en taxi, compré ropa nueva y me arreglé el pelo. Dos días después de haberle pedido a Jesús que me ayudara a conseguir trabajo, tenía ropa nueva y estaba en la puerta del edificio de la ONU. Ahora el guardia me abrió la puerta con una sonrisa, y cuando entré a la oficina del director de personal tenía confianza, pues tenía mi registro académico en mis manos. Me sentía segura, bonita, confiada y lista para conquistar el mundo.

Desafortunadamente, mi entusiasmo se vino abajo cuando la secretaria del director rechazó mi solicitud de empleo después de verla superficialmente. Con un tono de desprecio y lástima me dijo que no había trabajo para mí en las Naciones Unidas, y que probablemente nunca lo habría. "Cierra la puerta al salir", me dijo y me dio la espalda.

Estaba tan triste que salí de la oficina hecha un mar de lágrimas y me dirigí a las escaleras de atrás. Pero al ir bajando me encontré precisamente con el hombre de las Naciones Unidas que realmente podría ayudarme. Pierre Mehu era el representante de la misión de las Naciones Unidas en Ruanda, y fue el ángel que el cielo me mandó. Me dijo que fuera a su oficina al día siguiente, donde me preguntó sobre mis experiencias durante el genocidio. Le hablé de mi familia y de lo que había vivido en el baño del pastor. Estaba tan conmovido con mi relato que decidió darme todo su apoyo.

"Voy a conseguirte un empleo aquí", me prometió, "pero quiero que sepas que lo único que esperaré de ti es que seas sincera contigo misma y con tus creencias. Puedo imaginar lo orgullosos que tus padres se sintieron de ti y cuánto te amaban. Quiero que me veas como un padre y que la ONU sea como un hogar para ti. Si tienes problemas, Immaculée, debes venir directamente conmigo, y yo me encargaré de todo. Por favor piensa en mí como en una persona en la que puedes confiar.

Me sentí llena de entusiasmo. Quería saltar y gritar por los pasillos: "¡Alabado sea Dios!", pero no quería actuar en una forma tan informal antes de que me contrataran oficialmente, así que solo dije: "Gracias Señor" y estreché su mano.

El Sr. Mehu cumplió su palabra y cuidó muy bien de mí. Hizo los arreglos necesarios para que tuviera una semana de clases intensivas de mecanografía e inglés y en esa forma estar preparada para el examen de aptitud que exigía la ONU. Gracias a su bondad, aprobé el examen con excelentes calificaciones.

Dos semanas después, me contrataron para desempeñar tareas secretariales en la ONU y me estaba entrenando para mi primer puesto como encargada de archivos. No era un puesto glamoroso, pero ciertamente había sido milagroso. Mi salario eran 300 dólares al mes; mucho más de lo que cualquier habitante de Ruanda hubiera imaginado. Mi primer cheque fue suficiente para sacar a mis tías y a mis primas del campo de refugiados y llevarlas a una casa cerca de Mataba, donde, a pesar de lo que había sucedido, se sentían casi en casa. Tuve suficiente dinero para mandarle algo a mi hermano Aimable y para comprar 200 crayolas, lo suficiente para llevar algo de color a la vida de los huérfanos en el centro de la Madre Teresa.

Dios me había dado riqueza en muchas formas, y yo era muy feliz compartiéndola.

Capítulo 10

Políticas de oficina

Seis meses después de ayudarme a encontrar un puesto en las Naciones Unidas, la tragedia llegó a la vida de Pierre Mehu, mi padre adoptivo.

Fiel a la promesa que me hizo cuando nos conocimos, el Sr. Mehu siempre me había animado y apoyado en el trabajo. Nunca estaba de mal humor, ni se enojaba con sus empleados, y su alegre saludo cada mañana ("¡Buenos días, hija!") siempre me hacía sonreír. Así que cuando entré a la oficina muy temprano una mañana y lo encontré llorando en silencio frente a su escritorio, supe que algo terrible había pasado.

"Sr. Mehu, ¿quiere que le traiga algo?" pregunté indecisa. No sabía si podía interrumpirlo, pero mi corazón sufría al verlo llorar solo.

"Immaculée, ahora puedo entender parte de tu pesar. Mi hijo Benoit fue atacado en la ciudad de Nueva York anoche. Le dispararon, ni siquiera sé cuántas veces lo hirieron. Está en estado de coma, y nadie puede decirme si vivirá o morirá. Necesita a su padre, pero estoy muy lejos. ¿Por qué le permití ir a estudiar allá ? ¿Por qué no lo tuve más cerca de casa donde estuviera seguro?".

"Le pediré a Dios que cuide a Benoit y que lo traiga de regreso para que esté con usted, señor", le dije, poniendo la mano en su hombro. El Sr. Mehu levantó la vista y me sonrió, sus lágrimas cayeron sobre mi brazo.

Poco después, el Sr. Mehu trajo a un hombre muy alto a mi oficina. Vestía ropa tradicional africana, aunque yo no sabía de qué país o tribu venía; llevaba una túnica dorada minuciosamente bordada con intrincados diseños y un sombrero tipo fez que añadía otros quince centímetros a su imponente altura. Tuvo que agacharse para poder entrar por la puerta y me miró como si fuera el gigante de un cuento.

"Quiero presentarte a Khadim Modou Adama, un buen amigo mío en la ONU", me dijo el Sr. Mahu. "Él va a tomar mi lugar".

Extendí la mano para saludarlo y desapareció en la enorme palma de su mano. "Encantada de conocerlo, Sr. Adama, pero ", no pude seguir con la frase. Me sentía confusa y me dirigí al Sr. Mehu: "¿A qué se refiere cuando dice que él va a tomar su lugar?".

"Solicité una jubilación temprana", respondió. "Este fin de semana viajaré a Nueva York para estar con Benoit".

¡No, no otra vez! Todas las personas que quiero se alejan de mí, pensé, y de inmediato me sentí mal por ser egoísta. Claro que el Sr. Mehu tenía que irse; tenía que estar con su hijo, y su hijo necesitaba a su padre.

"No te preocupes, hija. Khadim va a asumir mis deberes de trabajo temporalmente, pero también se encargará de mis 'deberes con Immaculée' a tiempo completo. Va a tomar mi lugar como tu segundo padre, tu papá en la ONU". Se dirigió a su amigo y le dijo: "No debes dejar que le pase nada malo a esta jovencita en mi ausencia. No permitas que se le acerquen hombres que puedan aprovecharse de ella. Dios me asignó a esta niña como una responsabilidad, y ahora es tu responsabilidad, ¿de acuerdo?".

"Por supuesto, Pierre", dijo e Sr. Adama con una sonrisa. Su voz no era como yo me la esperaba, tratándose de un hombre tan alto: era bondadosa, juguetona, y llena de una ternura tan genuina que al instante me sentí cómoda con él. "Tengo tres hijas que son más o menos de la edad de esta niña, y la voy a proteger como si fuera una de mis hijas". A mí me prometió: "No te preocupes por nada. Te voy a cuidar bien".

Yo no sabía por qué el Sr. Mehu y el Sr. Adama creían que yo necesitaba que alguien me cuidara; nadie me había causado problemas en la ONU, y los seis meses que llevaba trabajando ahí habían sido maravillosos. Aunque ahora estaba yo viviendo con Sarah y su familia, había conocido a algunos oficiales militares

que me acompañaron a Mataba varias veces; ¡Hasta me llevaron en helicóptero en una ocasión! Mi paga llegaba a tiempo, y
ahora me estaban asignando tareas que requerían mayor responsabilidad. Mis supervisores parecían estar contentos con mi
trabajo.

Pero un mes después de que el Sr. Mehu se fue, entendí lo
mucho que él me había estado protegiendo de cosas desagradables
y de daños, y comprendí lo mucho que tenía yo que apoyarme
ahora en Khadim Modou Adama para recibir de él la misma protección paternal.

En cuanto el Sr. Mehu se fue, el Sr. Adama desempeñó su papel
como mi padre adoptivo, y en realidad era como otro papá. Y le
di gracias a Dios por traerlo a mí como también le había dado las
gracias cuando conocí al Sr. Mehu. Hablando de Dios, al Sr. Adama le gustaba hablarme de Él y de la importancia de la oración.
Él era un musulmán devoto y nunca olvidaba los cinco momentos
diarios de oración que exige su fe. Aunque estuviera en una reunión de grupo, cuando sonaban las campanitas de su reloj, decía:
"Por favor discúlpenme un momento". Entraba a su oficina, ex-
tendía su pequeña alfombra en el suelo, se arrodillaba en dirección
a la Meca y empezaba a orar.

Me gustaba que nunca se preocupara por cerrar la puerta de
su oficina cuando estaba orando; le gustaba hablar con Dios tanto
como a mí, y nunca se apenaba si otros escuchaban sus conversa-
ciones con Él. Solía decir que cuando se trataba de la oración,
teníamos una política de puerta abierta con Dios.

La esposa y las hijas del Sr. Adama vivían en Francia, donde
él había sido un funcionario importante en el servicio diplomático,
y las visitaba con frecuencia. Por lo general me traía ropa de Pa-
rís cuando regresaba de sus viajes, y también traía cartas de cada
una de sus tres hijas. Me hablaban de su vida en Francia y de sus
colegios; también me decían que su papá nunca se cansaba de
hablar de mí y de la forma en que había sobrevivido al genocidio
a través de la oración. Las cartas siempre me hacían sentir que
tenía yo hermanas que vivían en un lugar glamoroso y lleno de
paz, que tal vez podría yo visitar algún día.

Cada mañana, cuando el Señor Adama llegaba a la oficina, me
decía: "Immaculée, estás muy delgada; el Sr. Mehu se va a enojar
conmigo. Ve a comer algo; ¡es una orden!". Entonces le daba di-

nero a Kingston, uno de los supervisores en mi oficina, para que me llevara a desayunar. No era difícil ver que a Kingston no le gustaba que le dijeran lo que tenía que hacer, pero el rango del Sr. Adama era muy superior al suyo.

Kingston tomaba el dinero y me acompañaba al comedor donde se compraba un desayuno descomunal de carne y huevos, mientras yo me disfrutaba de una taza de té y un trozo de queso. Mientras devoraba su chorizo decía: "Me conviene que el Sr. Adama te quiera tanto, Immaculée. Así puedo comer una gran cantidad de proteína todos los días".

Kinston era un muchacho bonachón del Caribe, pero también era muy vanidoso. Tenía una musculatura espectacular y solía caminar por la oficina flexionando los brazos y diciéndoles a las secretarias que tocaran sus bíceps. A veces se paraba frente a un espejo durante largo rato admirando su musculatura. Siempre que llegaba una chica nueva a nuestra oficina, Kingston le decía que trajera su ropa para hacer ejercicio en la clase de aeróbicos que se daba en el gimnasio de la ONU. Luego le daba a la chica (que todavía no sabía que lo que tenía que hacer era alejarse de él) una sesión personal en la que tocaba sus brazos y sus piernas, para hacer que su cuerpo asumiera las posturas necesarias para hacer los ejercicios.

Aunque me lo había pedido muchas veces, yo nunca acepté ir su "clase". Antes de trabajar en la ONU, yo nunca había escuchado la palabra *aeróbicos*, y la idea de que la gente anduviera saltando en un cuarto para adelgazar me parecía absurda. En Ruanda la gente rara vez es gorda, pues nunca tiene mucho que comer y hace mucho ejercicio porque va caminando a todas partes: al otro lado de la colina para traer agua, o varios kilómetros para llegar a la escuela. En fin, Kingston era vanidoso y creía ser el galán perfecto; era amigable conmigo y parecía inofensivo. Sin embargo, no todos eran amigables conmigo, y algunos no eran inofensivos en absoluto.

MI PRIMER EXPERIENCIA EN LO QUE CONCIERNE A "LAS POLÍTICAS DE LA OFICINA" se presentó cuando empecé a comer con una compañera llamada Annick, una chica Tutsi de Tanzania que era de mi edad. De inmediato nos hicimos amigas; le hablé de cómo era crecer en Ruanda, y ella compartió conmigo sus experiencias de la infancia en un país donde había más mezquitas musulmanas que iglesias cristianas, y donde podías ir en coche al Océano Índico de vacaciones.

Pero nuestra amistad se desplomó cuando Annick empezó una relación con Robert, un oficial militar agregado a la ONU. Robert tenía una novia formal llamada DeeDee, que trabajaba en nuestra oficinal y era la mejor amiga de Annick. En cuanto empezó esa relación, Annick no hablaba de otra cosa, sólo de lo maravilloso que era Robert o de lo estúpida que era DeeDee al no darse cuenta de lo que estaba pasando frente a sus narices.

"Honestamente, Immaculée, puedo estar con DeeDee por horas y hacer que me hable de todo lo que hace para complacer a Robert y hacerlo feliz, y luego yo uso todos sus trucos cuando estoy sola con él. A veces los tres salimos juntos, ¡y ella es tan ingenua que yo prácticamente puedo sentarme en las piernas de Robert! Podré quitarle el novio y ella no se dará cuenta, sino hasta que la invite a nuestra boda". Annick disfrutaba todo esto. "DeeDee y toda su familia son Hutus, así que se merece todas las desgracias que pueda causarle una Tutsi como yo; se lo merece".

Hablaba de DeeDee con tanto desprecio y crueldad que yo no entendía cómo podía fingir que era su amiga. Le dije protestando: "Pero DeeDee cree que ustedes son muy buenas amigas; confía en ti. Y no importa que ella sea Hutu, de todos modos es una persona. Lo que le estás haciendo no es justo, ni es correcto".

"Ay, Immaculée, ¿Por qué te preocupas por los sentimientos de una Hutu después de lo que le pasó a tu familia? Además, Robert es muy buen partido, y en la actualidad uno debe buscar lo mejor. No seas tan ingenua".

Resulta que muchas de las mujeres de la oficina estaban enteradas de esa relación, y yo las veía reír disimuladamente cuando pasaba DeeDee. La pobre no tenía idea del cruel engaño del que era víctima. Yo no entendía por qué la gente puede ser tan dura y tan mala. ¿No habíamos aprendido nada de la crueldad que había devastado a nuestro país?

Aunque yo no conocía a DeeDee personalmente, decidí que no debería quedarme como si nada y tolerar que la trataran con tanta maldad y la degradaran en esa forma. Una tarde, me acerqué a ella con timidez y le pregunté si podía yo invitarle una taza de té después del trabajo. Al principio tuvo sospechas, pues en Ruanda las personas no estaban acostumbradas a invitar a alguien a salir, sus sospechas surgieron especialmente porque yo era Tutsi y ella era Hutu. En nuestra cultura era muy extraño que una mujer invitara a otra mujer que no conocía a ir a algún lugar. Pero DeeDee aceptó y nos reunimos en un restaurante cerca de la ONU.

"Debes pensar que estoy loca por invitarte en esta forma", le dije, apenada porque estaba a punto de decirle a una mujer que acababa yo de enterarme de que su novio la estaba engañando con su mejor amiga.

"Bueno, pensé que era un poco raro pero la gente de la oficina dice que tú rezas todo el tiempo, así que pensé que tal vez no eres peligrosa. Yo también empecé a rezar mucho cuando comenzó la matanza. Supe que eres Tutsi y quiero que sepas que mi familia no lastimó a nadie. Mi hermano fue asesinado por no unirse al *Interahamwe*, y los soldados se robaron todas las cervezas y licores de mi padre antes de golpearlo e incendiar su taberna. No teníamos nada después de la guerra, sólo nos teníamos unos a otros. La mayoría de mis amigos eran Tutsis y ahora todos están muertos.

DeeDee me agradó de inmediato por su actitud honesta y abierta. Aunque en los meses siguientes llegamos a forjar una buena amistad, al principio no fue fácil porque en ese primer momento yo le dije sin miramientos: "Tienes que dejar a Robert; no te conviene. Tiene amoríos con Annick, y ella tampoco es una buena amiga. Es mentirosa y quiere lastimarte. Yo no acostumbro decir a las personas estas cosas tan terribles, pero eres una buena persona y yo no podía permitir que te siguieran engañando con sus mentiras".

DeeDee estaba impactada por lo que yo le acababa de decir y al principio se negó a creerme, pero le repetí una y otra vez que lo que yo le estaba diciendo era verdad. Al final, empezó a atar cabos y no le gustó lo que pudo ver. Decidió enfrentarse a Robert y reclamarle por estar saliendo con otra, pero él lo negó. DeeDee, sin embargo, empezó a estar alerta y a vigilar su comportamiento, en especial cuando Annick estaba cerca, y descubrió la verdad por sí misma. Dejó a Robert, terminó su amistad con Annick, y se sintió bien al deshacerse de ambos.

DESPUÉS DE QUE DEEDEE DEJÓ A ROBERT, sentí que yo había acabado con la diversión de algunas de las mujeres de la oficina, quienes ahora concentraron su atención en mí. Supuse que Annick les había dicho que yo no era de fiar, o tal vez ellas habían estado murmurando acerca de mí y yo no me había dado cuenta. Lo único seguro es que mi reputación empezó a cuestionarse.

Supongo que todo empezó cuando, a pesar de mi escasa dieta, recuperé el peso que había perdido durante el genocidio. Cuando me oculté pesaba 52 kilos; cuando salí de mi escondite pesaba 29 kilos. Parecía un esqueleto, tenía los ojos hundidos, la piel de mis brazos y piernas colgaba en lo que antes habían sido músculos sólidos, y era fácil ver la curva donde mis costillas se unían a mi columna vertebral. Pero al paso de los meses, subí de peso y empecé a verme de nuevo como una joven saludable. Además, por primera vez en mi vida tenía dinero para gastar en mi apariencia; podía arreglarme el pelo, comprar algo de maquillaje y disfrutar de la ropa de moda.

Mi madre siempre había hecho mi ropa e insistía en que usara vestidos modestos que me llegaran a los tobillos. La escuela católica a la que asistía tenía reglas muy estrictas en relación con la forma de vestir, y cuando estuve en la universidad tenía muy poco dinero y no podía gastar en ropa, así que usaba lo que mi mamá me mandaba. Ahora tenía un sueldo, y después de comprar comida, de mandar dinero a mis tías y a mi hermano, y comprar libros y juguetes para los huérfanos, podía darme ciertos lujos.

Me sentía como un ave que había sido liberada de su jaula. Compré algunas blusas bonitas, y compré faldas que eran mucho más cortas que la ropa que había usado antes. Algunas, varios centímetros arriba de la rodilla. Mi ropa era de moda y hacía que me sintiera bien conmigo misma. Además, no era pecado vestirme así. ¡Pero mi madre habría estado horrorizada!

Era como una jovencita que por primera vez podía expresarse, destacar y ser feliz. Sentía que me había liberado de las restricciones de un guardarropa feo e incómodo. Me decía constantemente que la vida era corta y que el mundo era de por sí un lugar gris y triste. ¿Por qué no vivir un poco? ¿Por qué no disfrutar las cosa sencillas y cotidianas? Además, ¿qué tenía de malo arreglarse? Yo sabía que Dios quería que fuera feliz Por desgracia, muchos de mis compañeros de trabajo no lo querían.

Cuando pasaba luciendo una falda nueva, podía escuchar a las mujeres murmurando entre sí; y cuando tenía que llevar algún informe o documento a una de las secretarias del supervisor, a menudo me miraban con desagrado y hacían que me sintiera mal. DeeDee me dijo que Annick había iniciado una campaña de crítica en mi contra, diciendo que tenía ropa nueva porque los hombres con quienes salía me la compraban. Nada podía haber estado más lejos de la verdad, pero no podía yo negar que poco después de que se fuera el Sr. Mehu, los hombres de ONU empezaron a actuar en forma extraña cuando estaban cerca de mí.

De pronto, muchos de mis compañeros de trabajo empezaron a comerme con los ojos. Fueran casados o solteros, se me acercaban y me invitaban a salir, a bailar o a pasear durante el fin de semana. ¡Incluso me proponían matrimonio! Algunos eran tan vulgares que me ofrecían dinero para poder pasar un rato conmigo. Yo rechacé todas sus invitaciones; no sólo estaba yo de luto por mi familia y no me interesaban los romances, sino que en casa de Sarah las reglas en cuanto a la hora de llegar eran muy estrictas.

Al principio, me sentí halagada de que el sexo opuesto me considerara atractiva. Cuando salí de mi escondite, me sentía fatal y estaba segura de que ningún hombre me volvería a dirigir la mirada, así que la atención que recibía era definitivamente un cumplido. Pero a medida que más hombres se fijaban en mí, más me criticaban las mujeres. Fue una época muy difícil. No entendía lo que estaba haciendo mal; yo no podía hacer nada con respecto a la forma en que los hombres me trataban, y definitivamente no estaba tratando de provocarlos. Había crecido en una familia donde el sexo nunca se mencionaba; y ciertamente no recibimos clases de educación sexual en el colegio católico. Mis padres y las monjas se aseguraron de que supiéramos qué clase de comportamiento ofendía a Dios.

Antes del genocidio, los hombres de Ruanda siempre me habían tratado con respeto y dignidad, así que no estaba preparada para la actitud de libertinaje de los extranjeros que trabajaban en la ONU. Tampoco estaba preparada para que se me juzgara tan duramente por la forma en que me arreglaba. Empecé a entender por qué mi madre me había protegido tanto y por qué no le daba importancia a la belleza física. Cuando yo era niña, ella no permitía que la gente dijera que era bonita pues quería que creciera apreciando la belleza interior, y ahora yo esperaba que ella siguiera pensando que yo era una niña buena. Dios ciertamente sabía que mi corazón y mi cuerpo eran limpios y puros.

Decidí no preocuparme por la forma en que otros me veían; lo único importante era cómo era yo ante los ojos de Dios. Y Él me había mandado muchos caballeros que siempre actuaron en forma honorable cerca de mí y me trataban con respeto, como el Sr. Mehu y el Sr. Adama. Ellos me brindaron una amistad que yo podía valorar y en la que podía confiar a lo largo de mi vida.

Capítulo 11

Depredadores
de oficina

Los abusos indeseados por parte de mis compañeros de trabajo pasaron de ser molestos a convertirse en acoso sexual e intimidación física. Todo comenzó cuando uno de los ejecutivos de más alto nivel en las oficinas de las Naciones Unidas me mandó llamar a su oficina. Yo no sabía por qué quería hablar conmigo y eso me preocupaba debido a las murmuraciones en mi contra.

Cuando llegué, su secretaria me miró duramente y dijo: "Siéntate y espera. El jefe te va a llamar cuando esté listo". Su saludo poco cordial no me hizo sentir bien; podía sentir el sudor bajando por mi espalda. Sentí que había pasado una eternidad antes de que se abriera la puerta y "el jefe" me invitara a pasar con un movimiento de los dedos, en uno de los cuales llevaba un anillo de matrimonio.

Era un hombre apuesto, con una piel tan oscura y brillante que parecía que pulía su rostro cada mañana. Su oficina era la más grande que había yo visto en el edificio de la ONU y estaba decorada con máscaras de madera, escudos y otras creaciones africanas. Sobre su enorme escritorio había fotografías de su esposa y sus hijos, y varias fotos de él. Estaba yo tan nerviosa que decidí quedarme de pie en el centro de la oficina con la cabeza baja, los ojos fijos en la alfombra de piel de león que tocaban los dedos de mis pies.

"Escuché tu historia, Immaculée".

Levanté la vista y pude ver que él estaba frente a un espejo de cuerpo entero dándome la espalda, y estaba admirando su elegante traje negro. Se arregló la corbata y giró un poco la cabeza; nuestros ojos se encontraron en el espejo.

"Tus padres murieron. Sobrevivió uno de tus hermanos y está en Senegal, ¿no es cierto?

"Es cierto, señor".

"No me llames 'señor'. Llámame 'E'".

"Sí, Sr. E".

"Nada de 'señor', solo 'E'. Ése es mi nombre de pila".

"Sí. Señor".

"¿Con cuánta frecuencia ves a tu hermano que está en Senegal? ¿Cómo se llama?".

"Se llama Aimable, y no lo he visto desde el genocidio. Todavía no tenemos dinero para el viaje".

"Llámame 'E'".

"Sí, señor 'E'".

"Entonces, Immaculée, tus padres están muertos y tu hermano está al otro extremo de África. Eso básicamente significa que eres huérfana, ¿de acuerdo?".

"No, señor 'E'. Vivo con una buena familia y tengo unas tías en Kibuye".

"Sí, sí, estoy enterado de tus tías y de que vives con una familia de amigos", respondió con impaciencia. "Pero básicamente eres huérfana, ¿no es cierto?".

¿Por qué sigue preguntándome si soy huérfana? ¿Y por qué sigue dándome la espalda? ¿Por qué estoy aquí? Me preguntaba, totalmente confusa. Le dije: "Si, señor, soy huérfana. Pero tengo personas que...".

"Lo entiendo", interrumpió. "Pero lo que quería decirte es que, tomando en cuenta que eres huérfana, me gustaría comprarte una casa".

"¿Perdón?".

"Una casa, Immaculée, tu propia casa. Creo que estarías más cómoda. Y tal vez quieras volver a estudiar. Supe que no terminaste la universidad".

"¿Por qué me compraría usted una casa, señor? No entiendo".

"Te dije que me llames 'E'. Te voy a comprar una casa porque quiero hacerme cargo de ti; quiero hacerme cargo de todo lo que necesites. Y tú puedes hacerte cargo de mí. Después de todo eres huérfana. No tienes a nadie más.

Mi corazón empezó a latir con fuerza. ¿A qué se refería con "hacerse cargo de todo"? ¿Qué significaba *todo*? ¿Y qué quería decir con eso de que yo podía hacerme cargo de *él*? Las palmas de mis manos estaban sudorosas. Este hombre me daba miedo; podía correrme de inmediato, echarme a la calle o mandarme a un campo de refugiados.

Entonces escuché de nuevo esa molesta voz dulzona en mi interior, la fuerza del mal que me pedía que no pensara, sino que cediera; que no cuestionara lo que se me estaba pidiendo, sino que aprovechara lo que se me ofrecía. *Acepta, Immaculée, acepta la libertad; el dinero. Paga un boleto de avión para Aimable cada fin de semana, resuelve definitivamente el problema de tus tías, estudia, te gusta mucho estudiar, estudia un doctorado. Piénsalo, ¡Dra. Ilibagiza! ¿Por qué no? Puedes relajarte y dejar que alguien se encargue de ti, para variar... sólo acepta.*

"¿Te comió la lengua el ratón, Immaculée?", insistió el Sr. E. Cuando no respondí, sonrió y dijo: "Supongo que tu respuesta es sí".

"¿Qué? Es decir, ¿perdón?".

Me ardía la cara, me faltaba el aire. El Sr. E se alejó del espejo y estaba de pie frente a mí. Estaba tan cerca que di un paso atrás y me froté los ojos tratando de aclarar mi mente.

Sentí una presencia tranquilizadora, como si un ángel estuviera a mi lado y me preguntara dulcemente: "*¿En qué piensas? Este hombre quiere que seas su amante; "hacerse cargo" de él significa acostarte con él, Immaculée, vender tu cuerpo para recibir todos esos regalos. Nada es gratis con este hombre que puede destruirte. Aquí hay maldad, aléjate, pero ten cuidado.*

Le dije: "Gracias por su generosa oferta, señor, pero me gustaría pensarlo. Volveré pronto".

"No tienes que pensar en nada. Estás sola y no hay quien te cuide yo lo haré".

"Dios me cuida, señor".

"¿Dios?", dijo el Sr. E. riéndose. "Dios no puede comprarte comida, ropa bonita, ni pagarte la universidad, pero yo sí puedo. Y no creas que tus papis, Mehu o Adama te van a cuidar. Mehu ya se fue, y Adama no va a estar aquí mucho tiempo. Creí que eras una chica inteligente; tienes que pensar en tu futuro. Eres joven, diviértete ahora y preocúpate por Dios después. Te compararé una casa cerca de la iglesia si eso te hace feliz".

"Muchas gracias de todos modos, señor, pero realmente tengo que pensarlo. Me comunicaré con usted cuando termine la semana", respondí rápidamente y salí de la oficina. "Muchas gracias, señor".

La secretaria del Sr. E me lanzó miradas fulminantes cuando abrí la puerta y salí corriendo.

Mis manos seguían temblando cuando llegué a mi escritorio. Quería ir a buscar a DeeDee, pero sabía que no podría decirle a nadie lo que había pasado en la oficina del Sr. E. ¿Quién me creería? El Sr. E era un hombre poderoso: asesoraba al presidente en asuntos relacionados con la política; tenía guardaespaldas, un chofer y su propia limusina; todos lo respetaban. ¿Quién era yo? Yo no era nada, una pobre sobreviviente del holocausto que trataba de sacarle dinero a un gran hombre. Eso es lo que diría la gente; dirían que yo estaba tratando de seducirlo. Ni siquiera podía pedirle un consejo al Sr. Adama porque sólo se metería en problemas tratando de defenderme.

¿Qué clase de hombres trabajan para las Naciones Unidas?, pensaba. *¡Son casados! ¿Olvidan a sus esposas y a sus familias en cuanto salen de sus países? Se supone que la ONU le ayuda a las personas que tienen dificultades, ¡no se aprovecha de ellas!* Pero no podía generalizar; el agrupar a las personas arbitrariamente había generado un genocidio y todo el sufrimiento que siguió. Yo no podía culpar a las Naciones Unidas por el Sr. E. o por otros, y no podía culpar al Sr. E por el acoso de otros hombres. Lo único que podía hacer era rezar.

Padre mío, tu hija tiene problemas. La maldad me ataca. Por favor guía mis decisiones, llévame de la mano de día y de noche, conserva mi corazón limpio en presencia de estos hombres malignos, y fortaléceme. Gracias, Dios mío. Amén

DESPUÉS DE PENSAR MUCHO SOBRE LO QUE IBA A HACER, decidí no hacer nada. No tenía la intención de volver a ver al Sr. E., así que decidí hacer todo lo posible por evitarlo. Pero después de mi incómoda reunión con él, él empezó a pasar cerca de mi escritorio en las mañanas para saludar, aunque yo nunca lo había visto antes en mi oficina. Cada vez que entraba, las demás mujeres me miraban fijamente y podía escucharlas murmurando. El Sr. E. se quedaba un rato en la oficina, charlando con Kingston, sin quitarme los ojos de encima. Yo sólo bajaba la cabeza y revisaba mis papeles hasta que él se iba.

"Parece que eres buena para hacer amigos en las altas esferas", me dijo Kingston una mañana después de una de las visitas del Sr. E. "Pero quiero darte un consejo: no hagas nada que moleste al Sr. E. Si le caes bien, te puede ir de maravilla con él. Pero si no le caes bien, bueno, sólo asegúrate de caerle bien. Es lo que yo hago; me aseguro de conseguirle todo lo que me pida, a tiempo y con una sonrisa".

El trabajo de Kingston era hacer pedidos de artículos importados y distribuirlos entre el personal de la ONU y de las oficinas de distrito, pero también se encargaba de las solicitudes privadas de los funcionarios de alto rango, y conocía sus deseos y necesidades. Era fácil ver que conocía bien al Sr. E.

No me gustaba lo que Kingston estaba sugiriendo, pero tenía que suponer que sólo estaba tratando de darme buenos consejos. Siempre había sido amable conmigo, y aunque me hacía sentir mal cuando se me ponía enfrente y flexionaba sus músculos, nos llevábamos muy bien. Hasta me había hecho un favor la semana anterior, haciendo arreglos para que mi amiga Sarah consiguiera trabajo en otra oficina de Naciones Unidas.

Ahora Kingston me sonrió y me dijo: "Tienes que agradar a la gente; ése es el secreto para el éxito. Mírame, tres promociones en un año".

A pesar de la sugerencia de Kingston, después de una semana de recibir visitas del Sr. E. todos los días, decidí que mi única opción era hablar con el Sr. Adama sobre mi problema, antes de que empeorara. Pero me detuve en seco antes de llegar a su oficina... la puerta estaba abierta y lo pude ver conversando con el Sr. E. como grandes amigos. Reían felices, y luego el Sr. E. le dio palmadas en el hombro al Sr. Adama.

¿Qué clase de amistad tienen estos señores?, pensé preocupada. *¿Son buenos amigos? ¿Sabe el Sr. Adama lo que me está pidiendo el Sr. E.?*

El Sr. Adama había prometido ser mi padre adoptivo, ¿pero cómo podía pedirle que me protegiera como un padre si era amigo del hombre de quien yo necesitaba que me protegiera?

¡Cuánto extrañaba yo a mi verdadero padre! Si él estuviera aquí, estaría fuera de sí. Sacaría al Sr. E a la calle y le daría una golpiza por la forma tan irrespetuosa en que me estaba tratando.

Cuando salí del trabajo esa noche estaba demasiado cansada para caminar hasta la casa de Sarah, así que viajé en uno de los minibuses que la ONU tenía para transportar al personal. La tensión que me causaba el acoso del Sr. E. me estaba dejando sin energía. En la universidad había escuchado hablar del acoso sexual en otros países, pero nunca pensé en eso hasta que me vi obligada a experimentarlo. ¿Cuántas chicas sufrían este tormento porque un hombre sin ética tenía el poder de dejarlas sin trabajo? Me sentía tan indefensa como cuando los asesinos me estaban persiguiendo.

Otras mujeres abordaron el minibús y éste se dirigió a la puerta de seguridad; oré en silencio a Dios diciendo: *¿Por qué estoy de nuevo en esta situación? Tal vez quieres que yo ayude a otra persona que está pasando por una situación similar. Seguramente quieres que aprenda una lección de todo esto y lo acepto, ¿pero tiene que ser una lección tan larga? ¿No podríamos terminarla ya, Señor?*

En ese momento, el parabrisas del minibús se hizo pedazos y el estruendo de metales rotos llenó su interior. El chofer estaba alejándose de la entrada principal del edificio de la ONU y pude ver un grupo de aproximadamente cincuenta hombres, en su mayoría muy jóvenes, aunque también había hombres maduros e incluso ancianos, lanzando trozos de ladrillo hacia la puerta de seguridad, desde la acera de enfrente. Les gritaban a los guardias que estaban custodiando el edificio: "¡Váyanse de Ruanda! ¡Que la ONU se largue de aquí! ¡Váyanse y déjenos abandonados, como lo hicieron durante el genocidio! ¡Dejen en paz a nuestras mujeres! ¡Fuera de aquí gente de la ONU!".

"Lo siento, hay demasiadas protestas para sacar el minibús", nos dijo el chofer, abriendo la puerta. "Es más seguro que salgan por la puerta trasera y caminen a casa".

Al paso de los meses, había aumentado el número de personas inconformes que se reunían afuera de la sede de la ONU para protestar y sus reclamos eran cada vez más violentos. Muchos de los habitantes de Ruanda odiaban a la ONU por haber sacado casi todas sus tropas de Ruanda cuando empezó el genocidio. Sólo se quedó un pequeño grupo de pacifistas bajo las órdenes del general canadiense Roméo Dallaire, un hombre valiente que se negó a obedecer las órdenes de salir de Kigali. Todos creían que si la ONU hubiera dejado sus fuerzas en Ruanda el genocidio nunca habría ocurrido. Muchos de mis compatriotas pensaban que los que trabajábamos en la ONU éramos traidores, y más si eras mujer.

Los hombres de Ruanda protegían mucho a sus mujeres y creían que los extranjeros de la ONU las estaban corrompiendo, haciéndolas sus amantes y luego abandonándolas cuando sus deberes en el país llegaban a su fin, después de dejarlas embarazadas. Los hombres que estaban al otro lado de la puerta gritaban que los que trabajaban en la ONU estaban convirtiendo a las chicas buenas de Ruanda en esclavas sexuales. Aunque era fácil entender por qué se sentían así, yo odiaba la violencia y la ira, y pensaba que esas protestas no tomaban en cuenta las cosas positivas que la ONU estaba haciendo en nuestro país.

Salí por la puerta trasera, y en lugar de irme directo a casa, caminé al orfanato de la Madre Teresa para visitar a los niños. Sabía que me devolverían la energía con su cariño generoso y desinteresado. Hacía unos días había yo encontrado una Biblia ilustrada para niños y estaba ansiosa por compartir las imágenes y las historias con los niños. Me parecía extraño que hasta en las Biblias que se publicaban en África y en la lengua kinyarwanda, se representaba a Jesús como un hombre blanco de hermosos ojos azules y largo cabello rubio. Me reí cuando un grupo de voluntarios europeos visitó el orfanato y los niños los señalaban asombrados diciendo: "¡Miren cuántos Jesuses vinieron a vernos hoy!".

Mi imagen favorita de la Biblia que llevé al orfanato era la imagen de Jesús rodeado de niños y niñas, sentado en la campiña y cuidando de las ovejas. Junto a la imagen estaba la cita del Evangelio de San Lucas: "Permitan que los niños se acerquen a mí; no se lo prohíban, porque de ellos es el Reino de los Cielos".

EL LUNES SIGUIENTE, EL SR. E. DE NUEVO ME MANDÓ DECIR QUE ME PRESENTARA EN SU OFICINA, y estaba yo segura que me iba a correr. Su secretaria ni siquiera me dirigió la mirada; sólo señaló la puerta abierta y me mandó directamente a la enorme oficina de su jefe.

El Sr. E. estaba de pie sobre su alfombra de piel de león, su expresión mostraba desagrado y tenía las manos cerradas. De inmediato dijo: "Ibas a ponerte en contacto al final de la semana, ¿no es cierto? Pero no lo hiciste. ¿Por qué?".

"Lo vi en su oficina durante la semana, señor, y siempre parecía estar tan ocupado que no quise interrumpirlo".

"Entiendo. Bueno, ¿aceptas mi oferta?".

Por favor, Dios mío, no permitas que pierda mi trabajo por decir la verdad, le pedí al Señor. Luego le dije al Sr. E.: "No, señor, no acepto. Me quedaré donde estoy. Es el hogar cristiano de una familia cristiana, y yo trataré de vivir siguiendo las enseñanzas de Cristo".

El Sr. E. mi miraba estupefacto, sin saber qué decir. Finalmente me dijo: "Bueno, en este momento tengo mucho trabajo, Immaculée, pero tengo reservaciones para cenar en un restaurante muy elegante esta noche. Me encantaría que cenaras conmigo y podremos tratar este asunto en forma más civilizada".

"Lo siento, señor. Tengo que llegar a casa a cierta hora y tengo que estar allá inmediatamente después de mi visita al orfanato después del trabajo. Pero podríamos almorzar en el comedor de la oficina mañana, si usted quiere".

"No seas tonta, ¡no podemos almorzar juntos! No puedo permitir que me vean contigo aquí; tengo que cuidar mi reputación".

Me sentí tan humillada y furiosa que quería soltarle una bofetada. ¡Él era el que estaba actuando mal, pero sería *vergonzoso* que lo vieran *conmigo*! Apreté las manos con los brazos a mis costados y respondí: "Siento mucho que las cosas resultaran así. Buenos días, señor".

Salí de su oficina, pensando que al llegar a mi escritorio habría una hoja rosa informándome de mi despido. Pero no supe nada del Sr. E. en toda la semana. Esperaba que después de nuestra última reunión él entendiera que yo vivía según la ley de Dios, no según los caprichos del Sr. E.

Ese viernes, Kingston me invitó a comer, como lo hacía con frecuencia al final de la semana. Había conseguido un coche de la oficina y me dijo que me llevaría a comer a un lugar muy bonito.

"¿Dónde vamos?", le pregunté cuando estábamos en el coche. Yo estaba contenta de que un supervisor fuera amable conmigo, pero estaba un poco nerviosa por la amistad que había entre Kingston y el Sr. E.

"Vamos al Hotel Umubano".

"¡Al Umubano! Es demasiado caro para mi gusto, Kingston".

"No te preocupes por el dinero".

"Pero yo siempre me preocupo por la forma en que se pagan las cosas".

"Yo invito. No te preocupes por nada, Immaculée. Sigue la corriente", dijo con la cantaleta de su acento caribeño.

El Umubano se encontraba a más de doscientos kilómetros del centro de Kigali y estaba en la cumbre de una colina. Mis ojos se deleitaron con las canchas de tenis, las terrazas, los jardines botánicos y la enorme piscina, mientras ascendíamos por la colina hasta la entrada del hotel. Era el hotel más bonito que había visto en mi vida; tomando en cuenta que había crecido en una aldea pobre y me impresionaba fácilmente.

Un botones uniformado abrió la puerta del coche y nos acompañó al interior. En el restaurante, el jefe de meseros saludó a Kingston por su nombre y nos acompañó al fondo del comedor, donde habían preparado una mesa privada para nosotros detrás de un biombo de madera. El Sr. E. estaba sentado ahí, tomando un vaso de *whisky*.

Miré a Kingston furiosa. Me sentía ofendida por su traición, pero él sólo se encogió de hombros.

El Sr. E. se puso de pie, sacó la silla para que yo me sentara junto a él y dijo: "Ah, Immaculée, me da mucho gusto que hayas aceptado mi invitación. La comida es magnífica aquí. ¿Quieres tomar algo? ".

"Sólo agua, gracias".

"¿Estás segura?".

"Sí, señor".

"Te dije que me dijeras E.".

"Sí, *señor*".

Estaba yo tan enojada conmigo misma por haberme metido en esa situación, pero también tenía miedo. El Sr. E. y Kingston me habían engañado con esa invitación a comer ¿Qué estaban planeando para el postre? Decidí no dejarles ver lo molesta y nerviosa que estaba. Me mantendría tranquila y buscaría la forma de escapar.

La comida transcurrió con rapidez y con poca conversación. Yo no tenía apetito, así que Kingston devoró la carne que se ordenó para mí. Después de beber su tercer *whisky*, el Sr. E. golpeó la mesa con su vaso y me anunció que la comida había terminado. "Tengo que recoger unos documentos sobre políticas del gobierno en mi *suite*. Sígueme, por favor".

El tono del Sr. E. me dio a entender claramente que no me lo estaba pidiendo, era una orden. Kingston caminó detrás de mí, su enorme cuerpo bloqueaba el pasillo y no me permitía darme la vuelta y huir. Metí la mano en mi bolso y apreté el rosario rojo y blanco de mi padre. Esas cuentas tan queridas para mí me habían consolado durante las horas más angustiosas y peligrosas de mi vida y me estaba apoyando en ellas ahora.

Usamos el elevador para llegar al último piso y entramos a una salita en la *suite* del Sr. E. "Pónganse cómodos", dijo y desapareció, entrando en la habitación. Kingston tomó una silla que estaba cerca del escritorio, la puso frente la puerta y se sentó en ella. Lo miré dejando que mis ojos hablaran por mí: *¿Cómo te atreves?* De nuevo, sólo se encogió de hombros.

Mi enojo se desvaneció cuando pude analizar la situación. Era obvio que Kingston y el Sr. E. habían fraguado un plan, ¿pero qué plan? Me habían engañado para que aceptara una invitación a comer en un hotel en las afueras de la ciudad y me habían obligado a entrar a un cuarto privado; un patán musculoso bloqueaba la única salida. Yo tenía la boca seca y empecé a temblar. Aborrecía temerles a estos hombres, pero me aterrorizaban. Me sentía tan estúpida, tan débil, tan indefensa.

Kingston se recargó en la silla, apoyándose contra la puerta y cruzó sus enormes brazos sobre su pecho. Miraba fijamente la pared que estaba frente a él con la misma mirada carente de vida que había yo visto en los ojos de los asesinos durante el genocidio. ¿Cuántas veces había yo visto a la gente entregarse al mal en esta forma?

¡Es horrible, me van a violar! Pensé. Apreté mi rosario, y mi corazón y mi mente gritaban con todas sus fuerzas: *¡Por favor, Dios mío, manda a tus ángeles a ayudarme! Te prometo que ayudaré a otras mujeres a evitar este tipo de situaciones, pero no permitas que me toquen, ¡por favor, Dios mío!*

"Ven aquí un minuto, Immaculée", ordenó el Sr. E. desde la habitación. Kingston siguió con la vista fija en la pared cuando yo caminé al interior, y el Sr. E. me rodeó para cerrar la puerta. Se había quitado la corbata y su saco estaba en el sillón. "Siéntate", me dijo señalando la cama.

Miré la cama, miré al Sr. E. y luego miré al ventanal que daba a la terraza. La piscina estaba justo abajo, rodeada por un sendero empedrado.

Lo único que tengo que hacer es saltar

Podía ver la ciudad de Kigali acurrucada entre verdes colinas, contra la lejana cordillera rodeada de neblina. Desde aquí, los sufrimientos de la ciudad estaban ocultos; la capital de Ruanda se veía serena y hermosa desde las alturas. La belleza de Dios estaba presente hasta en esta sórdida habitación, ojalá estos hombres pudieran abrir su corazón.

Has creado tantas cosas bellas, Señor, oré en silencio. En realidad puedes hacerlo todo, por favor haz que estos hombres vean más allá de sí mismos, de su lujuria y de su desprecio. Hazles ver la belleza que hay en todo lo que Tú has creado. Y si se niegan a ver, dame la fuerza para luchar contra ellos en tu nombre. Yo soy tu hija.

"¿No es hermoso mi país?", le pregunté al Sr. E. Yo seguía viendo las montañas, rechazando su invitación de sentarme en la cama. Esperaba conmoverlo con la majestad de Dios, esperando que así no siguiera sus impulsos bestiales. "En mi país hay un refrán muy antiguo que dice que después de que Dios se pasa todo el día visitando todos los lugares de la Tierra, regresa a casa, a Ruanda, para dormir. Y es que de todos los países que Él ha creado, Ruanda es el más hermoso. ¿No puede verlo, señor? ¿No puede ver a Dios en todas partes?".

"No me interesa Dios, ni me interesa Ruanda, Immaculée, me interesas tú. Podría tomarte ahora si quisiera, pero estoy tratando de ser un caballero. Puedo ser generoso, muy generoso. Soy un hombre apuesto y soy muy rico. Además, te haré rica; lo único que tienes que hacer es decir sí. ¡Ahora decide!".

¡Qué hombre tan burdo! ¡Esto es un insulto! Qué clase de tipo es éste, tan importante y poderoso, ¡pero tan estúpido y ciego! ¡Presume de ser rico y al mismo tiempo me suplica que alimente su ego!

Yo ya no le tenía miedo al Sr. E., ni le tenía miedo a Kingston. Sentía lástima por ellos, pues sólo buscaban ganancias materiales y satisfacciones físicas, sin importarles a quién lastimaran con tal de responder a sus necesidades. Ahora podía ver al Sr. E. como era en realidad: un hombre débil y suplicante, con una mente sucia, parado junto a una cama de hotel. Lo único que él veía cuando me miraba era a una huérfana a la que podía maltratar sin temor a ser descubierto, ni a sufrir las consecuencias. Era una actitud muy común, y Dios me había ayudado en situaciones mucho más graves y con hombres mucho más malvados y depravados que el Sr. E.

¿Pensaba que su poder le serviría de algo cuando compareciera ante Dios? ¿Cómo podía pensar que su dinero lo protegería cuando todas sus posesiones podían serle arrebatadas en un instante?

Yo quería hablarle de cuando conocí a una mujer llamada Mupundu que había tenido importantes puestos políticos en el gobierno Hutu y había sido la mujer más rica de Mataba... hasta que se entregó a la sed de sangre del genocidio. La vi regresar de Zaire rumbo a nuestra aldea cojeando; lo había perdido todo: su dinero, su poder, su familia. Ni siquiera tenía zapatos para cubrir sus pies sangrantes. Se había alejado de Dios y había perdido lo único en que podría haber confiado; como seguramente lo perdería el Sr. E., a menos que alejara su corazón de la maldad y regresara a Dios.

"Te dije que decidieras, Immaculée", exigió ahora. "¿O quieres que tome la decisión por ti?".

"¡Mire por la ventana, señor!" le grité. "¿Puede ver a mi país? ¿Puede ver a Ruanda? ¿Tiene idea de lo que hemos sufrido aquí? ¿Tiene idea de lo que *yo* he sufrido aquí? No nací huérfana, Sr. E. Mi familia fue masacrada; quedé huérfana por la maldad de personas que dieron rienda suelta al demonio en su corazón. Usted sabe a qué personas me refiero, señor. Usted puede aterrorizarme trayéndome a esta habitación; también puede lastimarme o hacer que me despidan del trabajo y me lancen a la calle. Pero no puede quitarme los principios y los valores que me dio mi familia, y no puede quitarme lo que Dios me ha dado. Ya soy rica, señor, y no tengo que decidir nada. ¡La respuesta es no y siempre será *no*!".

El Sr. E estaba furioso, pero no se acercó a mí. Tomó su saco, abrió la puerta y le gritó a Kingston: "Levántate, vámonos. ¡Estoy retrasado!". Antes de salir de la habitación, el Sr. E. me miró y simplemente dijo: "No vine aquí a ser rechazado por una miserable refugiada. No tienes que decirme de dónde vienes. Sé exactamente de dónde vienes... y creo que será difícil que te sientas fuerte y poderosa cuando yo te haga volver allá". Azotó la puerta al cerrarla y me dejó sola en su habitación.

Gracias por darme tu fuerza para enfrentarme a ellos, Señor
¿Pero quiso decir que estoy despedida?

Para cuando llegué a la oficina, había comenzado otra pesadilla.

DESPUÉS DEL INCIDENTE DEL HOTEL, Kingston no podía verme a los ojos, pero se acercaba a mi escritorio cada hora con pilas de formatos que no me habían enseñado a llenar. Pasó lo mismo al día siguiente y al día siguiente. Me estaba quedando tarde en la oficina y ni así podía ponerme al corriente.

Por primera vez, me llamó mi jefe a su oficina para explicar mis retrasos y errores. Me hicieron muchas preguntas que no sabía cómo responder: ¿Por qué la calidad de mi trabajo había empeorado de repente? ¿Estaba yo durmiendo bien, no me estaba desvelando? ¿Tenía problemas emocionales? ¿Era mi trabajo en los archivos demasiado complicado? ¿Valdría la pena conseguir a otra persona para ocupar mi lugar? ¿Debería yo buscar otro trabajo en otro lugar?

El Sr. E. estaba cumpliendo sus amenazas. Me estaba echando a la calle, pero se estaba tomando su tiempo y lo estaba disfrutando. Me estaba empujando a la puerta con mil documentos y cientos de comentarios ofensivos. Parecía que mi carrera en la ONU estaba llegando a un humillante final, junto con la seguridad que me había dado. Cuando recibí un mensaje de que el Sr. Adama quería verme, supuse que era el giro final de la venganza del Sr. E.; le había asignado la tarea de despedirme al hombre que más admiraba yo en la ONU.

Pero cuando entré a la oficina del Sr. Adama, él se puso de pie de un salto, cerró la puerta y empezó a disculparse por todo el daño que el Sr. E. me había hecho. "Lamento mucho que te haya sucedido esto, hija. Debí ponerle un alto hace mucho", dijo. "Cuando me enteré de que E. te estaba poniendo tanta atención, quise preguntarte si te estaba lastimando. Pero no quise ponerte en una situación delicada, suponiendo cosas o invadiendo tu intimidad.

Pensé que si necesitabas mi ayuda me la pedirías, y si no, debía dejarte en paz".

"Yo no quería causarle problemas, Sr. Adama.".

"¿Causarme problemas? No tienes idea de la clase de problemas que yo puedo causar si me lo propongo; he estado en este juego mucho tiempo, y ya me he enfrentado a tipos como E. No sé cómo estos hombres llegan a puestos tan altos, pero me temo que esto sucede con frecuencia. Independientemente de lo importante que sea su puesto, tú lo humillaste. No sé qué le dijiste, pero lo humillaste en serio y luego él trató de dañarme a mí".

"¿Hizo algo que lo dañara, señor?".

"No Immaculée, no tiene talla suficiente como para lastimarme. Aunque es lo bastante osado como para intentarlo. Vino a mi oficina y me amenazó diciendo que si no dejaba de ayudarte y de tratarte como una hija, la gente iba a empezar a escuchar rumores de que yo me estaba acostando contigo. ¡Vaya atrevimiento! Le grité y le dije que si te trataba como una hija es porque tú eres como una hija para mí, y que más le valía pensarlo dos veces antes de decir algo más sobre ti o de dañarte en forma alguna".

Ahora el Sr. Adama estaba gritando, implorando a Alá que maldijera a E. Caminaba de un lado a otro en la oficina, ondeando su larga túnica africana. "¡Estuve a punto de golpearlo, Immaculée!", continuó levantando su enorme mano sobre su cabeza y sacudiéndola en el aire. "Me enfrenté a él levantando la mano, y juro que casi golpeo su carita de muñeco".

Mis ojos se llenaron de lágrimas, mientras mi padre adoptivo describía cómo me había defendido. Le di gracias a Dios por cumplir su promesa y mandarme a sus ángeles para protegerme. Al Sr. Adama le dije: "Gracias a Dios que no lo golpeó, señor. Es usted tan fuerte que pudo haberlo matado".

"¡Lo sé! Yo no creo en la violencia bajo ninguna circunstancia, pero él me provocó. Le dije que antes lo respetaba, pero ya no".

De pronto, el Sr. Adama se sentó en su silla, había sudor en su rostro y sus ojos estaban húmedos y enrojecidos. Cuando habló de nuevo, su voz era suave y tierna, como lo había sido cuando el Sr. Mehu me lo presentó. "Será mejor que no hablemos de esto con nadie más por ahora", me dijo. "En realidad no tengo poder sobre E., pero te prometo que nadie te va a lastimar mientras yo siga aquí". Después me dio cincuenta dólares y me dijo que comprara algo para llevarlo al orfanato la siguiente vez que lo visitara.

Al día siguiente, recibí una llamada de la oficina de personal, diciéndome que por petición del Sr. Adama se me transferiría a una oficina donde todos los puestos de supervisión eran ocupados por mujeres. También tendría yo un pequeño aumento de sueldo. Poco después, el Sr. Adama fue transferido a Somalia, y más tarde El Sr. E. salió de Ruanda a petición de su gobierno.

El señor Adama y yo seguimos en contacto durante muchos años, y siempre que hablábamos, recordaba yo que Dios llega a nuestros corazones a través de sus otros hijos, y que es un hecho que hay ángeles entre nosotros.

Lo último que supe del Sr. Mehu, mi otro padre adoptivo, fue a través de una carta que recibí hace varios años, cuando él se fue a Estados Unidos. Me dijo que siempre pensaría en mí como una hija, y al final de la carta escribió:

"Conserva los dones que Dios te ha dado; mantén siempre tu inocencia y tu integridad".

Capítulo 12

John regresa

John era un muchacho que yo había conocido en mi primer año en la universidad. Era varios años mayor que yo y era apuesto, cortés, bondadoso y muy persistente.

Teníamos amigos mutuos en Mataba, así que sintió que tenía razones para querer conocerme personalmente. En cuanto nos conocimos, formó parte de mi vida. Disfrutábamos estar juntos y hablábamos durante largas horas en nuestras largas caminatas por el campus. Al igual que yo, John creía que las cosas más importantes en la vida eran una gran fe en Dios, el amor a la familia y una buena educación. Nuestras mayores diferencias eran que él era Hutu y era protestante, pero para nosotros la diferencia de tribus no era importante, y él respetaba la importancia que el catolicismo tenía para mí. John y yo estábamos felizmente enamorados, y para cuando estaba yo en el tercer año de estudios, estábamos hablando de matrimonio. Lo único que faltaba era reunir a nuestros padres para cenar y anunciarles nuestra gran decisión.

Desafortunadamente, nuestro amor no sobrevivió al genocidio.

El país explotó como una masacre tan rápido que no tuve tiempo de escribirle a John, que estaba en Kigali, antes de ocultarme. Como él era Hutu, supe que probablemente estaba seguro, y a menudo me preguntaba si vendría a buscarme después de que empezó la matanza. Pero aunque el Pastor Murinzi era su tío, no supe nada de él durante los dos primeros meses que estuve oculta en el baño. Pero una mañana escuché su voz por la puerta. Al principio pensé que ocho semanas sin comer adecuadamente me habían debilitado tanto que estaba alucinando. Pero cuando escuché su risa, tuve la seguridad de que John estaba en casa del pastor y que había venido a buscarme.

Resulta que John no sabía que yo estaba en casa de su tío, sino que había venido a Mataba con tres docenas de sus familiares Hutus para escapar de la guerra civil que había explotado en Kigali. Temían ser asesinados por los soldados Tutsis y sabían que la provincia de Kibuye era territorio Hutu y que los soldados del gobierno tenían a los rebeldes Tutsis bajo control. John fue a la casa del pastor por la misma razón que yo; para evitar ser asesinado.

Me alegró saber que mi novio estaba cerca, y estaba segura de que el Pastor Murinzi lo llevaría al baño a verme, y lo hizo. La visita, sin embargo, fue un desastre. Cuando vi a John por primera vez, quería abrazarlo con todas mis fuerzas. Después de no haber hablado durante mucho tiempo, le dije cuánto lo había extrañado y cuánto le había rezado a Dios para que lo protegiera.

Pero lo único que pudo pensar en decirme el hombre que supuestamente me amaba fue: "Mm..., ¡estás muy flaca, Immaculée! Abrazarte es como abrazar un costal de huesos".

Ni siquiera me dijo que le daba gusto que estuviera viva, sólo declaró que estaba feliz de que todavía estuviera razonablemente bonita después de perder 18 kilos, y le tranquilizaba saber que no me habían violado.

El genocidio cambió las prioridades de toda la gente, y John no fue la excepción. Durante las semanas siguientes, prácticamente me ignoró y sólo me hizo una o dos visitas que duraron unos minutos. Le pedí que por lo menos me mandara una nota de vez en cuando para saber si se acordaba de mí, mientras estaba atrapada en ese bañito, pero nunca me mandó nada. Para empeorar las cosas, podía yo oírlo jugando futbol y riendo con sus amigos fuera de la casa; él se estaba divirtiendo mientras yo estaba oculta para salvar mi vida, y mis seres queridos estaban siendo masacrados.

Finalmente, justo antes de que las otras mujeres y yo pudiéramos escapar al campo de refugiados francés, John me dijo que estaba contento de que hubiera yo perdido tanto peso porque siendo un esqueleto, no despertaría el interés de otros hombres. "Una cosa menos de que preocuparme", dijo.

¿Qué clase de amor es este? Pensé. *No es el amor bondadoso y paciente que brinda el apoyo que se describe en la Biblia como el amor que debe existir entre un hombre y una mujer.* Cuando salí de la casa del pastor esa noche, dejé atrás mi futuro con John.

JOHN Y SU FAMILIA SALIERON DE RUANDA PARA EVITAR EL CAOS que siguió al genocidio, pero volvieron tan pronto como el gobierno Tutsi anunció que los Hutus que eran inocentes podían regresar al país sin temor a represalias. Una tarde me hizo una visita sorpresa en las oficinas de la ONU a la hora de la salida, y mi corazón dejó de latir cuando lo vi de pie al otro lado de la puerta, saludándome con la mano. Después de todas las pérdidas y el derramamiento de sangre, tenía yo frente a mí a una persona de mi pasado a quien yo amaba.

"Agradezco a Dios que te haya salvado", le dije a John cuando estuvimos juntos de nuevo. "He rezado todos los días por tu seguridad y la de tu familia".

"¡Immaculée, te ves mucho mejor ahora! Subiste unos kilos". Me dijo John abrazándome. "Ahora que nos hemos encontrado, nunca debemos volver a separarnos. ¡Prométeme que nunca me vas a dejar!".

Estaba yo tan fascinada con sus demostraciones de afecto que lo único que pude decir fue: "También me da gusto verte".

Mientras caminaba conmigo a casa de Sarah, me habló de todo lo que había vivido después de salir de Ruanda. Había sido más afortunado que la mayoría de los Hutus que huyeron del país: el padre de John era un pastor protestante cuya iglesia tenía conexiones ministeriales a lo largo de África, así que la familia pudo encontrar un buen lugar donde vivir durante su exilio en Zaire, algo que no lograron incontables personas sin hogar, que fueron a dar a los campos de refugiados.

"Lo peor de salir de Ruanda es lo que nos pasó al regresar", me dijo, y me describió cómo los soldados Tutsis habían detenido a su familia en la frontera y habían revisado su coche buscando armas.

"Supongo que estaban revisando a toda la gente para ver si eran del *Interahamwe*, pero nos trataban como si todos fuéramos culpables... como si todos fuéramos asesinos, aunque no habíamos hecho nada malo. Tú sabes que no lastimamos a nadie, ¿verdad?". John era inocente, pero como muchos otros Hutus inocentes, después del holocausto la culpa que sentían por tener cierto vínculo con la tribu, en ocasiones hacía que se sintieran tan culpables como si hubieran tenido un machete en las manos.

"Claro que lo sé", respondí honestamente. Yo conocía muy bien a la familia de John, y ninguno de ellos habría sido capaz de dañar a otro ser humano. Kaame, el hermano más joven de John, había muerto a manos del *Interahamwe* porque no apoyó el genocidio.

"Cuando no encontraron armas en el coche, empezaron a leer las cartas de amor que tú y yo intercambiamos cuando estábamos en la universidad. Luego sacaron la foto tuya que tengo y empezaron a burlarse de mí. 'Eres Hutu. ¿Crees que una mujer Tutsi va a querer tener algo que ver contigo después de lo que sucedió, después de lo que los Hutus les hicieron a los Tutsis? La perdiste, puedes olvidarla para siempre'. Pero eso no es cierto, ¿verdad, Immaculée? Yo les dije que no me odiarías por ser Hutu. Tú y yo vamos a retomar lo que teníamos, ¿verdad?".

Yo no sabía cómo reaccionar. ¿Pensaba él que le diría que lo amaba para demostrarle que los soldados Tutsis estaban equivocados, para demostrarle que yo no adiaba a los Hutus? Era una locura. Estaba contenta de ver a John y de tener un amigo con quien compartir mis lágrimas, pero me había tratado tan mal cuando estaba oculta que estaba segura de que nunca podría amarlo como él lo deseaba.

Siempre ha sido difícil para mí romper una relación de cualquier tipo, incluso con una amiga. Y tomando en cuenta la expresión de desesperación en los ojos de John, supe que lo lastimaría mucho si lo rechazaba en ese momento. Así que en lugar de decirle que no creía que pudiéramos retomar lo que teníamos, le dije: "Tú sabes lo que le pasó a mi familia, y mi corazón todavía no ha sanado, ni siquiera puedo pensar en un romance. Hay demasiado dolor en mí como para superarlo en este momento, ¿podrías darme un poco de tiempo para sanar?".

"Así que tal vez podamos recuperar lo que teníamos dentro de poco tiempo, Immaculée. ¿Es eso lo que quieres decir?".

"No lo sé, tal vez. En este momento sólo puedo amar a Dios".

Mi familia frente a nuestra casa en Mataba, dos años antes del genocidio. En la fila de atrás, cuatro monjas de la escuela donde trabajaba mi padre acompañan a mis padres. En la fila de enfrente, de izquierda a derecha, Claude, un amigo de la familia, mi hermano Vianney, Marie (una novicia), y yo, después mis hermanos Damascene y Aimable. A mi derecha está mi ahijada de cuatro años, Larisse, que fue asesinada durante el genocidio.

Mi buena amiga Marianne (a la izquierda) durante nuestro primer año en la preparatoria. La familia de Marianne fue asesinada en el genocidio, y a ella todavía no he podido localizarla.

Mi hermano Vianney a los 17 años.

Yo a los 13 años, cerca de la colina donde quería plantar flores con Jeannette, con la esperanza de que la Virgen María se nos apareciera.

Mi hermano Damascene con su novia Clarisse, tres meses antes del genocidio. Le iba a pedir que se casara con él en cuanto ahorrara suficiente dinero de su trabajo como maestro y comprarle una casa. Clarisse también fue asesinada.

El éxodo Hutu. Decenas de miles de refugiados Hutus llenan los caminos cerca de Goma, Zaire (actualmente Congo), durante los caóticos primeros días después del genocidio. Temiendo represalias y asesinatos, se dirigen al este, a lo largo de la costa norte del lago Kivu, hacia un campo de refugiados para exiliados de Ruanda. (*Fotografía cortesía de UNHCR, B. Press, julio de 1994*).

Víctimas de la epidemia de cólera en el campo de refugiados Munigi, cerca de Goma. El cólera mató a decenas de miles de Hutus que huyeron de Ruanda hacia Zaire después del genocidio. (*Fotografía cortesía de UNHCR, F. Loock, agosto de 1994*).

El éxodo Hutu. Miles de refugiados Hutus esperando cruzar hacia el Congo por el Puente Ruzizi, justo al sur del lago Kivu. Dos millones de Hutus huyeron de Ruanda después del genocidio. (*Fotografía cortesía de UNHCR, H. J. Davies, agosto de 1994*).

Regreso del éxodo Hutu. Cientos de miles de refugiados Hutus regresaron a Ruanda, a finales de 1996, después de más de dos años en el exilio. Aquí, los refugiados llegan a Ruanda desde Tanzania por la frontera de Rusumo. (*Fotografía cortesía de UNHCR, H. J. Davies, diciembre de 1996*).

Los cráneos de la iglesia de Ntarama. Más de 5 000 feligreses Tutsis fueron asesinados mientras buscaban refugio en esta iglesia al sur de Kigali, que actualmente es un monumento conmemorativo a las víctimas. Las iglesias fueron los lugares donde ocurrieron las peores matanzas durante el genocidio. (*Fotografía cortesía de Mathew Reichel*).

Ésta es la tumba de mi madre, Marie Rose Kankindi, y de mi hermano Damascenejean Muhirwa. (Mi primo de siete años, Rukundo también está sepultado a su lado.) Sus cuerpos descansan en las ruinas de nuestra antigua casa frente al lago Kivu.

Vista del lago Kivu desde el patio trasero de la casa de nuestra familia en Mataba.

En un descanso cuando trabajaba yo en las Naciones Unidas con voluntarios de todo el mundo. Las camionetas que se ven atrás transportaron los suministros que llevamos a la fiesta que organizamos para los niños y niñas en el orfanato de la Madre Teresa.

En el aeropuerto internacional de Kigali, a principios de 1995, el primer día de uno de mis trabajos en las Naciones Unidas. Estaba yo a cargo de recibir a los empleados de las Naciones Unidas que llegaban al país y de darles información sobre la política y las costumbres de Ruanda.

En mi boda, en 1998, con mi amiga Chantal, que pagó mi vestido de novia.

En mi boda con mi amiga Norah, que pagó toda la comida.

La vaca que Bryan compró para la boda, como la dote que es tradición dar.

En mi boda. A la izquierda, Sayinzoga, el amigo de mi padre, que fue el anfitrión en la ceremonia en su casa de Kigali. Lo acompañan dos primos de mi padre que regresaron a Ruanda después de vivir en el exilio en otros países.

Mi visita al Pastor Murinzi en su casa cerca de Mataba en 2004 con mis hijos, Nikki y B.J. Había yo regresado a Ruanda para asistir a la boda de mi hermano Aimable. Fue mi primer viaje a mi patria después de salir de ella en 1998.

Nikki y B.J. persiguiendo a las vacas y a las cabras en un campo de Mataba, tal como yo lo hice cuando era niña.

Con mis tías en su casa en Kibuye. Desde la izquierda, mis tías Jeanne y Esperance, tres chicas de la localidad y una pariente nuestra llamada Jeannette (en el extremo cargando a un niño). Al frente, un grupo de niños del vecindario y mi hijo B.J. (en el extremo izquierdo), que estaba destrozando el jardín de flores de mis tías.

Pastel para 200 niños. La fiesta navideña que organizamos para los niños del Orfanato de la Madre Teresa. Estoy consolando a un niño al que le habían puesto un aparato ortopédico en la pierna.

En la boda de Aimable, en diciembre de 2004, la primera reunión familiar después del genocidio, diez años antes. Yo estoy en medio con un vestido azul; mi hermano y su bella novia, Sauda, están a mi izquierda. Frente a mí, con los brazos cruzados, mi hija Nikki, y dos personas después de mí, a mi derecha, está Bryan cargando al inquieto BJ.

Aimable y Sauda después de la boda. Aquí están siguiendo la tradición de compartir el *Ikibugutu*, suero de leche fresca, con mis hijos. Este ritual señala la importancia de que los recién casados nutran a los miembros más jóvenes de la familia y de la sociedad.

Mi hermosa cuñada Sauda, la hermana que nunca tuve.

Mi primo Ganza en la boda de Aimable. Poco después de esta foto, Ganza
se ordenó como sacerdote jesuita.

Congelándome en Estados Unidos. Este fue mi primer invierno (1998) en la ciudad de Nueva York,
y mi primera experiencia con la nieve. Tuve que entender el concepto de usar cálidas botas inver-
nales.

Mi preciosa niñita. En cuanto pasaron los cólicos de Nikki, nunca dejó de reír y sonreír.

Una madre orgullosa con su hija feliz.

Nikki y su hermanito B.J. Les encanta estar juntos y son muy buenos amigos.

Mis maravillosos hijos, la alegría de mi vida.

La primera comunión de Nikki en la Parroquia de Santa Clara, en Queens, Nueva York.

Mi primo Ganza en el patio trasero de un amigo en el estado de Nueva York, celebrando su primera misa en Estados Unidos. Yo estoy en primer plano, bailando emocionada. (Primavera de 2008).

Visita a Bélgica para una boda en mayo de 2008. A mi derecha está mi padrino, mi querido amigo y consejero espiritual, el Padre Jean Baptiste Bugingo; a mi izquierda está Alphonsine, una antigua amiga de las Naciones Unidas en Kigali, con su esposo Antoine y sus dos hijos, Yannik (al frente a la izquierda) y Angela.

Un grupo de sobrevivientes del genocidio en Ruanda ante quienes hablé sobre la fe y el perdón durante una visita en 2005. Yo estoy en el extremo derecho, no estoy mirando hacia la cámara.

Estatua de la Virgen María en Kibaho, que se está convirtiendo en uno de los sitios más famosos para peregrinaciones en África. Cada año cientos de miles de personas visitan el santuario de Nuestra Señora de Kibeho.

Con un grupo de personas en la iglesia de Nuestra Señora de los Dolores en Kibeho. A mi derecha está Anathalie, una de las niñas a quienes se apareció la Santísima Virgen. Anathalie vive en Kibeho y dedica sus días a dar a conocer el mensaje de la Santísima Virgen, un mensaje de amor, oración y paz.

Con mi querido amigo Wayne Dyer, quien me ayudó a dar a conocer mi historia al mundo.

DURANTE LOS MESES SIGUIENTES, John me estuvo visitando en la oficina y en la casa con frecuencia. A veces salíamos a caminar o paseábamos en el coche de su padre. No dejaba de pedirme que formalizáramos nuestra relación, pero mi corazón no estaba listo para él. Para mí era más importante pasar tiempo con los huérfanos, o rezando, que fingir que estaba enamorada. Cuando John me miraba, veía a la chica que había conocido antes del genocidio, y quería recuperar su vida de antes. Pero esa vida había desaparecido, y nunca regresaría.

Como amiga, yo quería ayudarle a aliviar su sufrimiento, así que me esforcé por sentir por él más de lo que sentía en realidad. A veces, cuando me estaba quedando dormida en la noche me decía: "Mañana vas a despertar y vas a volver a amar a John". Pero eso nunca sucedió.

Todavía estaba yo llorando la muerte de mis padres y hermanos, y no podía imaginar cómo sería acariciar, besar o simplemente andar de la mano de alguien. Cuando le dije esto a John, se puso furioso y me dijo: "Tu familia no fue la única que murió, Immaculée. Mucha gente perdió a sus seres queridos. Ya pasaron meses; ¿cuándo podrás superarlo?".

Yo no podía creer lo que me estaba diciendo. ¿La masacre de los Tutsis se había vuelto algo tan común en nuestro país que alguien podría pensar que sólo era algo que "teníamos que superar?".

"¡Nunca los voy a olvidar, John!", exclamé. "¿Cómo puedes pensar así? Estamos hablando de mi familia. El genocidio no fue una película; ¡no puedo levantarme del asiento y olvidarlo después de un par de horas! Esto va a ser parte de mi vida de ahora en adelante. Nos va a afectar a todos por siempre, así que tenemos que apoyarnos y tratar de comprender nuestros sentimientos. No podemos simplemente olvidar lo que pasó".

"No estoy de acuerdo. Eso es exactamente lo que deberíamos hacer. Deberíamos olvidar que sucedió".

"¡Eso nunca será posible! Tenemos que perdonar a quienes lo hicieron, pero nunca, nunca vamos a olvidar".

La distancia entre John y yo era algo que a menudo pude ver en Ruanda después del genocidio. Algunos Hutus estaban perfectamente dispuestos a olvidar el pasado y a actuar como si el holocausto nunca hubiera ocurrido, y eso sólo aumentaba el resentimiento y el enojo de los Tutsis.

Esa noche me fui a mi cuartito en el Centro Christus y le pedí a Dios que aliviara el sufrimiento de mi amigo, pero yo sabía que John mismo era el que tenía que buscar la ayuda de Dios. Por mi parte, le pedí a Dios que me ayudara a seguir viviendo como Él quería: "Si es mi destino estar con John, sé que abrirás mi corazón cuando llegue el momento. Confío en ti".

Dios en realidad tiene muchas formas de llegar a nosotros. Por ejemplo, cuando levanté la vista después de mi oración, pude ver la respuesta a mis dificultades con John justo frente a mis ojos; un adorno en la pared que había estado a la vista durante meses decía: "Detrás de cada historia de amor verdadero, hay una historia de mucha paciencia". Supe que con paciencia, podría surgir en Ruanda una gran historia de amor, que Dios reuniría a los Hutus y a los Tutsis a través del perdón.

Por desgracia, mi antiguo novio no pudo tener paciencia.

POR ALGUNA RAZÓN, JOHN CREÍA QUE YO NO PODÍA AMARLO porque me estaba aferrando demasiado al amor que tenía por mi familia. Por lo tanto, odiaba el rosario rojo y blanco que mi padre me había dado antes de me ocultara. El rosario había sido para mí una cuerda salvavidas durante el genocidio y era lo único que yo tenía de mi padre; siempre que lo usaba para rezar, sentía que él estaba cerca de mí. Ese rosario era un verdadero tesoro para mí.

"¡Amas esa cosa más que a mí!". Me gritó John una tarde cuando fue a visitarme a las oficinas de la ONU. Me agarró bruscamente, me arrebató el rosario y continuó: "Quizá si me deshago de esto se te acabarán las razones para no casarte conmigo". Y se fue con mi posesión más preciada.

Le grité que si no me devolvía mi rosario nunca le volvería a hablar. Esa noche me dejó un moretón en la muñeca, y en el corazón. Cuando llegué a casa de Sarah, me acosté en la cama y lloré durante horas; sentía como si estuviera perdiendo a mi padre una vez más.

"Immaculée, esta relación no te conviene. ¿Por qué no lo cortas y acabas con todo eso?", me preguntó mi amiga, después de tratar de consolarme casi toda la noche.

"Porque él está sufriendo mucho, no quiero lastimarlo más".

"No te sientas mal por él", respondió, y luego compartió conmigo algo que él le había dicho el día anterior. "John dijo que deseaba que hubieras muerto en el genocidio para poder sufrir como Dios manda, como todos los demás están sufriendo. Me dijo que no quiere sufrir porque tú estás viva y podrías enamorarte de otro hombre y no de él".

Sus palabras me dejaron asombrada; ¿cómo era posible que alguien que me amaba deseara que yo estuviera muerta? Sólo pude pensar que seguramente estaba sufriendo mucho cuando dijo eso. Cuando se lo dije a Sarah, sólo movió la cabeza.

John me regresó el rosario de mi padre después de varios días. Pero una semana más tarde fuimos juntos a la boda de unos amigos y yo le dejé mi bolso mientras platicaba con la novia. Cuando regresé, el rosario había desaparecido. John dijo que no lo había tomado, pero yo sabía que sí lo había hecho. Nunca volví a ver el rosario de mi padre.

Estuve triste durante varios días en la casa, llorando mi pérdida, hasta que finalmente la mamá de Sarah me llamó aparte y me dio un consejo que nunca olvidaré: "Immaculée, estoy segura de que tu padre tuvo algo que ver con el hecho de que ese rosario desapareciera. Él quería que lo usaras para acercarte a Dios, no como algo con lo que te encariñaras como si fuera una especie de joya preciosa. El valor del rosario está en tu corazón y en la oración, no en las cuentas". Entonces tomó su propio rosario y lo puso en mi mano diciendo: "Usa éste, y si te apegas demasiado a él, regálaselo a alguien y consigue otro. Si conservas el recuerdo de tu padre en el corazón, nadie podrá robártelo".

En ese momento supe que el rosario de mi padre siempre estaría conmigo: su forma, sus colores y su textura estarían seguros en mi alma. Yo sabía lo que Dios quería que hiciera: concentrarme en la oración, no en cosas materiales. Tal vez John quiso lastimarme, quitándome una posesión que era valiosa para mí, pero me había dado un don más precioso, y lo perdoné. Como decía la Madre Teresa, comprenderlo todo es perdonarlo todo.

Poco después, John fue a la casa un sábado por la mañana para tratar de arreglar las cosas. Cuando abrí la puerta pude ver que no se sentía muy bien; tenía ojeras y había perdido peso. Pero le dije: "Tal vez es mejor que no nos veamos, porque mis sentimientos no han cambiado".

Me rogó que saliera al campo con él para arreglar bien las cosas. "Como amigos", prometió.

Sarah estaba detrás de la puerta sacudiendo la cabeza y diciendo en voz baja: "No salgas con él, Immaculée. ¡Dijo que ojalá estuvieras muerta!". Pero el hombre que estaba frente a mí no parecía peligroso; parecía que necesitaba una amiga. Así que le dije a Sarah que regresaría para la cena y me fui con él.

Al salir de Kigali, John dijo que quería ir a Butare para visitar el campus de la universidad. "Tal vez si volvemos al lugar donde nos quisimos tanto volverán a nosotros esos sentimientos", explicó entusiasmado.

¿Qué pasó con eso de que iríamos sólo como amigos?, pensé. En voz alta dije: "John, Butare está a tres o cuatro horas de distancia, y todavía hay mucha violencia y muerte en las carreteras, tal vez no es seguro".

"Estaremos bien", me aseguró. Estábamos ascendiendo una colina muy empinada cuando empezó a describir sus planes para nuestro futuro, según los cuales lo primero que tenía yo que hacer era dejar de trabajar.

"¿De qué hablas? ¿Por qué dejaría yo mi trabajo? ¿Tienes idea de lo difícil que fue conseguirlo? ¿Sabes cuánto dinero les mando a mis tías y primas cada mes? No sabes lo que dices.

"No quiero que trabajes cuando nos casemos", respondió. "No estaría bien. Si vienes a vivir conmigo y con mis padres, no necesitarás dinero extra, y después podemos casarnos".

"En primer lugar, yo nunca me iría a vivir contigo sin estar casada, y ya te dije que mi corazón no está listo para el matrimonio. Todavía estoy sanando".

"Ya no quiero volver a escuchar sobre el dolor de tu corazón, Immaculée", exclamó John. "Es de lo único que hablas. En Ruanda todo mundo sufre, ya es hora de que volvamos a ser como éramos antes de que todo esto sucediera".

"No podemos volver a ser como antes, John".

Habíamos llegado a la cumbre de la colina, y él giró el volante a la izquierda, dirigiéndose al borde de un precipicio que estaba a menos de diez metros. "Si no podemos vivir juntos, moriremos juntos", dijo con más calma. "Quiero acabar con este dolor".

Aceleró hacia el precipicio.

"¡John, yo me he enfrentado a cosas peores, y Dios siempre me ha protegido!", grité. "Mi alma está a salvo, pero si conduces hacia el precipicio, estarás cometiendo un terrible pecado. Eres un buen muchacho, no te arriesgues a ir al infierno sólo porque estás enojado".

John pisó el freno con fuerza, lo que hizo que el coche patinara y las ruedas delanteras quedaran colgando sobre el precipicio. La base de la carrocería golpeó contra el suelo y el coche se detuvo. El motor se ahogó y la mitad del coche estaba suspendida sobre el precipicio. Lo único que podía yo ver desde la ventanilla del coche eran rocas a una profundidad de más de 15 metros. El chasis crujía mientras el coche se balanceaba hacia delante y hacia atrás.

Puse las manos en el tablero, tratando de alejarme del precipicio, y John simplemente apoyó la cabeza sobre el volante. Nos quedamos en silencio hasta que él finalmente echó a andar el motor y metió reversa con mucho cuidado para volver a la carretera. Regresamos a Kigali sin decir una palabra.

No volví a ver a John hasta que me dijo que tenía planes para salir del país.

A LA MAÑANA SIGUIENTE, REALMENTE NECESITABA IR A MISA y hablar largo y tendido con el Señor. Cuando me dirigía a la iglesia, me encontré con uno de los amigos de John en la universidad, un Tutsi de nombre Jaffe, que había escapado a Burundi durante el genocidio. Siempre se había llevado bien conmigo en la universidad, pero ahora me saludó con brusquedad, sin una sonrisa, sin una palaba cordial.

"Immaculée, supe que estás saliendo con John de nuevo. ¿Es cierto?".

"John es mi amigo..."

Jaffe me interrumpió antes de que pudiera decir algo más. "¡Amigo! No puedo creer que estés saliendo con un Hutu después de todo lo que hicieron. ¿Qué clase de hermana Tutsi eres?".

"Tú eres amigo de John, Jaffe, y sabes que es una buena persona y que no le causó daño a nadie".

"Yo no tengo amigos Hutus, Immaculée. Tal vez pienses que el hombre no le causó daño a nadie, pero es Hutu, y eso lo hace culpable. Tú sabes que algunos de nuestros compañeros Tutsis se unieron al RPF y lucharon contra los Hutus; cuando supieron lo de John dijeron que lo matarían antes de permitir que se casara contigo. Pero creo que matarlo sería demasiado fácil. Si yo los llego a ver juntos alguna vez, me presentaré ante un tribunal y lo acusaré de haber asesinado Tutsis. No me importa si es inocente o culpable; que se pudra en prisión diez años antes de que se le haga un juicio... si es que sobrevive", me advirtió Jaffe mirándome furioso.

Las prisiones ya estaban sobrepobladas con miles y miles de Hutus acusados de asesinato, y cada semana arrestaban a cientos más. La mayoría de los jueces y abogados Tutsis habían sido asesinados durante el holocausto, y la mayoría de los juicios no se llevarían a cabo en años. La amenaza de Jaffe era muy real.

"Tú sabes que John es inocente", le dije. "No puedes acusar de asesinato a una persona inocente".

"No hay Hutus inocentes".

"Eso es mentira, y dar falso testimonio es un pecado contra Dios".

"¡Dios! En este país ya no existe Dios, Immaculée. La única justicia que nosotros, los Tutsis, tendremos es la que logremos nosotros mismos. Recuerda eso cuando elijas a tus amigos".

Jaffe se alejó, dejándome más insegura que nunca sobre el futuro de nuestra nación. Primero, John me había acusado de no amarlo porque él era Hutu, y ahora Jaffe me acusaba porque sentía cariño por un Hutu. Y si los funcionarios del nuevo gobierno pensaban como Jaffe, ¿cuánto tiempo pasaría antes de que hubiera otro genocidio, ahora contra los Hutus? Si la gente estaba convencida de que Dios había abandonado a Ruanda y buscaba tomar la justicia en sus manos a base de acusaciones falsas y venganza, el ciclo de violencia que asolaba a Ruanda nunca terminaría.

En la iglesia recé por Jaffe: *Quita de su corazón el dolor y el odio, Señor. Muéstrale que Tú estás con él, que estás con todos nosotros; muéstrale que no abandonaste a nuestro país. Y por favor, guía a nuestros líderes y ayúdales a forjar para nosotros un futuro de paz. Que los gobierne la justicia, no la venganza.*

También le pedí a Dios que protegiera a John y a su familia; oré pidiendo que la amistad entre Hutus y Tutsis no pusiera en riesgo nuestra vida y nuestra libertad en este país lleno de ira. Y finalmente le pedí a Dios que me liberara de la carga de mi amistad con John y que lo protegiera de las falsas acusaciones y de ser arrestado. *Gracias por no permitir que resultáramos heridos en el precipicio, Dios mío, pero como puedes ver, las cosas están muy mal. No sé qué hacer... cualquier decisión que yo tome lo dañará. Ambos necesitamos tu ayuda ahora; tal vez ha llegado el momento de que te lleves a John lejos de Ruanda por su propio bien. Amén.*

Antes de salir de la iglesia abrí la Biblia buscando inspiración, y la encontré en uno de mis salmos favoritos: "Deja tus preocupaciones con el Señor y Él será tu sostén. Nunca permitirá que los justos caigan".

Poco después, John fue a la casa con la noticia de que le habían pedido a su padre que fuera a predicar a Zambia, así que la familia estaba preparándose para salir de Ruanda esa semana.

"No lo sé, Immaculée, no quiero perderte para siempre, pero tal vez es una buena opción, dijo, mirándome para poder tomar su decisión.

Pensé en lo que Jaffe había dicho y supe que John nunca sobreviviría en prisión. Ésta parecía ser la forma en que Dios estaba respondiendo a mi oración "Sí, John", le dije. "Si crees que es mejor irte a Zambia, debes irte".

Me miró fijamente con tristeza y luego se fue. Yo me sentí mal por no decirle claramente que no éramos el uno para el otro, y que yo de hecho quería que se fuera a Zambia a empezar una nueva vida y a encontrar la felicidad que nunca encontraríamos juntos. Pero de nuevo, había tenido miedo de herir más sus sentimientos y no le dije lo que tenía que haberle dicho.

Seguramente Dios tampoco estaba muy contento con mi respuesta, porque esa noche me puso en una situación en la que no pude evitar decirle a John lo que en verdad sentía mi corazón. Todo empezó cuando él me invitó a tomar el té como despedida, en la casa de mi amiga Aloise. Se me hizo un poco raro, pero pensé que estaba bien que nos despidiéramos en presencia de alguien más.

Los tres estábamos hablando felices en la sala de Aloise cuando la puerta se abrió de repente y entraron una docena de personas, entre ellos dos de los hermanos de John y mi amiga DeeDee.

"¿Qué pasa?", pregunté.

Nadie dijo nada hasta que John se puso de pie y anunció: "Les pedí que vinieran porque son mis amigos o son amigos de Immaculée. Quiero que sean testigos de lo que ella me va a decir cuando yo le pida que me diga la verdad".

Entonces formaron un semicírculo frente a mí; John estaba en el centro. "Muy bien. Necesito una respuesta", dijo. "Si me voy a Zambia con mis padres, es posible que nunca regrese. Así que antes de decidir alejarme de Ruanda por siempre, quiero saber si vamos a casarnos. Sólo respóndeme esta pregunta: Immaculée, ¿estás enamorada de mí? ¿Sí o no?".

Quería enojarme porque en cierta forma me habían sometido a un interrogatorio, como si fuera una criminal, pero John se veía tan lastimado que no pude enojarme. Mi corazón latía a toda velocidad. Todos me miraban fijamente y con tanta intensidad que sentía que sus ojos me quemaban. Yo quería que mi mamá me defendiera, y que el resto de mi familia estuviera ahí para apoyarme. No quería lastimar a John, pero tampoco sabía cómo evitarlo.

"Bueno, significas mucho para mí, y me preocupa lo que pueda pasarte", dije.

"Eso no es lo que pregunté. ¿Estás o no estás enamorada de mí?".

"Respóndele Immaculée. Has estado haciendo esperar a este muchacho demasiado tiempo", dijo Aloise.

"Responde", repitió uno de los primos de John que yo no conocía.

"¿Sí o no?", exigió John.

"Muy bien, entonces ¡no!", exclamé. "No, John. No te amo y no estoy enamorada de ti. Eres mi amigo, y eso es todo lo que siempre serás. Pero no te sientas mal; eres una buena persona, y habrá alguien más para ti. Tal vez alguien te esté esperando en Zambia".

Sentí como si le hubiera clavado un puñal a mi amigo. John empezó a llorar, sus hermanos y primos lo sacaron de la sala y de la casa, y Aloise se fue con su silla de ruedas a su habitación, sin despedirse de mí.

Miré a DeeDee, que era la única que estaba de mi lado. Sonrió, me tomó de la mano y dijo: "No te sientas mal, Immaculée. Te pidieron la verdad y es lo que les dijiste".

CUANDO ME FUI A LA CAMA ESA NOCHE estaba tan molesta por lo que le había dicho a John que se me olvidó rezar. Lloré por la herida que le había causado a mi amigo y me preguntaba si mi corazón alguna vez llegaría a estar listo para el amor romántico. Si así tenía que ser, que así fuera. Le daría mi corazón a Dios y mi amor a los huérfanos. Sollocé hasta que me quedé dormida, y entonces tuve el sueño más asombroso.

Estaba de nuevo en la sala de Aloise, sentada en la misma silla, pero ahora mis piernas estaban encadenadas a la altura de los tobillos, y mis brazos estaban atados a mi espalda con fuertes bandas de cuero. John y los otros estaban a mi alrededor; llevaban máscaras de madera y me clavaban lanzas en el pecho.

De pronto apareció mi madre, flotando desde el techo con un vestido de seda blanca. Flotaba sobre el suelo, protegiéndome de las agudas puntas de las lanzas. Cuando miró y sonrió, las cadenas cayeron de mis piernas y las bandas de cuero cayeron de mis brazos. Entonces ella me habló; su voz era tan dulce como cuando yo era niña y ella me cantaba.

"Nunca pienses que estás sola, Immaculée. Tu madre siempre está contigo. Siempre te cuidaré". Dirigió su atención a los otros y en ese momento soltaron sus lanzas y se alejaron. "Dejen en paz a mi hija", les dijo. "Dejen que siga su propio camino. Si necesita consejos, los recibirá de alguien que la ame; los recibirá de su madre, no de ustedes".

Cuando desperté en la mañana me sentí más libre de lo que me había sentido en meses. Ya no me sentía agobiada por las expectativas o las angustias de mi amigo. Yo había dicho la verdad, y eso nos dio libertad a ambos.

John se despidió de mí cuando se fue a Zambia. Nos dimos la mano y nos deseamos lo mejor. Me dijo que lamentaba mucho haberme lastimado y me perdonó por el dolor que yo le había causado. Yo hice lo mismo. Nos despedimos como amigos, y tiempo después me sentí feliz cuando supe que se había enamorado y se había casado. Si John y yo pudimos salir adelante en forma positiva, entonces otros Hutus y Tutsis que habían tenido problemas también podrían hacer lo mismo.

Sentí que mi corazón estaba empezando a sanar, y eso me dio esperanza de que nuestro país también podría llegar a hacerlo.

Capítulo 13

Un ejército de amor

D esde la cumbre de la colina que estaba cerca del Orfanato de la Madre Teresa, Kigali todavía parecía una base militar más de dos años después de que la guerra había terminado. El retumbar pesado de los tanques que pasaban llegaba desde las calles de abajo, podía yo ver una larga fila de transportes blindados para el personal militar que serpenteaban por las calles de la ciudad. Llevaban a las tropas del RPF a luchar contra los Hutus a lo largo de la frontera con Zambia. Había soldados apostados frente a todos los edificios del gobierno, y cuando era necesario ir de un lugar a otro en la ciudad, había que pasar por varios centros de inspección militar.

Siempre que escalaba yo esa colina camino al orfanato, me preguntaba: "¿Qué haría yo con un ejército, Señor? ¿Qué batalla podríamos librar con amor y no con armas?". Hice esa pregunta en voz alta, mientras bajaba caminando sobre la tierra suelta de la calle hacia el orfanato. A menudo hablaba con Dios y le hacía preguntas, caminando por las colinas de Kigali, y a veces, como en esta ocasión, Él respondía de inmediato. Frente a las puertas de metal color azul del orfanato, dos soldados estaban dejando un grupo de niños que habían recogido de las calles. Una luz de inspiración llenó mi mente: *Si tuviera yo un ejército, lo traería aquí para luchar a favor de los huérfanos.* Claro que no tenía un ejército, pero sabía dónde conseguirlo.

A mediados de 1996, empecé a trabajar como asistente del coordinador de voluntarios, en el Programa de Desarrollo de las

Naciones Unidas (United Nations Development Programme UNDP). Me encantaba ese trabajo porque muchas de las personas con quienes me relacionaba, habían venido a Ruanda siguiendo los sentimientos de su corazón. No estaban aquí por dinero, ni para impulsar su carrera, sino porque tenían un deseo genuino de ayudar.

Cada año, incontables almas bondadosas se reunían en áreas seleccionadas para celebrar el movimiento de voluntariado y para unir fuerzas para llevar a cabo un gran proyecto comunitario en menos de 24 horas; por lo general se trataba de algo como hacer un pozo, reparar un camino o construir una casa. Representaba mucho trabajo y había que cargar cosas pesadas, así que pensé que la mejor tarea que se podía emprender era dedicar un día a levantar el ánimo de 200 huérfanos.

Decidí que la ONU podía proporcionarme un ejército de voluntarios, y nuestro campo de batalla sería el Orfanato de la Madre Teresa. La celebración, que se conoce como el Día Internacional de Voluntarios (International Volunteer Day, IVD) es un evento mundial de gran importancia para la ONU, pero mi problema era que yo sólo era una asistente y una de las empleadas de menor rango en mi departamento. No tenía voz, ni voto en lo relacionado con las políticas de planificación, pero de alguna manera tenía que convencer a mi jefe, al menos a diez de los miembros del personal y a los funcionarios de más alto rango en Europa de que un grupo de huérfanos en Kigali era tan importante como el pozo de una aldea o un sistema de irrigación. Yo sabía que Dios había puesto esta idea en mi cabeza por alguna razón, y sabía que tenía que hacerla realidad.

Faltaba un mes para el IVD y la primera reunión del comité de planificación ya estaba programada. Aunque parte de mi trabajo era preparar las reuniones del comité, mi jefe, Coulibaly, no había recibido una invitación para asistir. Eso era lo primero que tenía yo que cambiar. Estaba segura de que si lograba que se escuchara mi voz, podría convencerlos a todos para que aceptaran mi idea.

Coulibaly era el supervisor más desaliñado, desorganizado y distraído que había tenido. En una ocasión hizo que tres de nosotros anduviéramos corriendo por toda la oficina, tratando de encontrar un fax urgente que había recibido de las oficinas centrales en Nueva York. Insistía que alguien lo había tomado de su escritorio, pero después de buscar por toda la oficina, descubrió que había estado sentado sobre ese importante documento toda la mañana. A pesar de sus dispersos métodos de trabajo, Coulibaly posiblemente era la persona más trabajadora y productiva del UNDP. También era amable, divertido y muy apasionado en lo que respecta a la recuperación del país.

Era originario de Mali y había venido a Ruanda, siendo estudiante. Se enamoró del país y de una chica de Ruanda, y siguió siendo fiel a ambos a lo largo de los siguientes 30 años. Yo sabía que él no podía aceptar una propuesta para el IVD que no se hubiera presentado en una reunión oficial, así que le pedí un favor.

"Coulibaly, ¿podría yo estar presente en la reunión del comité de planificación mañana? Me interesa ver cómo el personal de alto nivel toma decisiones relacionadas con las propuestas".

"Sólo si traes chocolates", dijo mi jefe bromeando. Le gustaban las golosinas y todos sabían que llevaba puños de dulces a la oficina. En varias ocasiones, olvidaba que estaba comiendo golosinas y se presentaba a las reuniones del personal con la cara y la ropa cubiertas de chocolate derretido.

"Traeré una bolsa", dije con una sonrisa, y luego me fui a casa para terminar de preparar mi presentación. Había yo estado escribiendo ideas en un cuaderno durante varios días, esbozando las actividades de los voluntarios y de los niños, haciendo listas de las reparaciones que se tenían que hacer en el orfanato, y detallando las herramientas y suministros que se necesitarían ese día. Las monjas del orfanato ya habían aprobado el plan, pero habíamos decidido no decirles nada a los niños hasta que el proyecto se aprobara.

La reunión de esa mañana sería la primera en la que yo presentaría una idea en las oficinas de las Naciones Unidas. Cuanto más pensaba en eso, más nerviosa me sentía. Miré las notas que había escrito en mi cuaderno:

Soda: *15 cajas*
Arroz: *10 bolsas*
Frijoles: *8 sacos*
Pasteles: *25*

Pintura: *30 galones*
Cuadernos de iluminar: *250*
Medicamentos: *algodón, vendas, desinfectante*

Mi idea era hacer una presentación completa y profesional, pero mis planes ahora me parecían una lista de lo que una niña de primaria quería para el día de campo de su clase. *¡Voy a parecer una idiota!* Pensé presa del pánico. *Estas personas vienen de todas partes de África, pensando que van a construir albergues, no sentarse entre niños y crayolas. ¡Se van a reír de mí y me van a correr de la oficina!*

Ese fin de semana, Sarah y su hermana habían ido a visitar a unos familiares y yo estaba sola en la habitación. Así que me puse de rodillas y recé en voz alta: "¿Fue sólo mi imaginación lo que me dijo que Tú deseabas que hiciera yo esto, Señor? ¿Estoy esperando señales tuyas que no existen? Como siempre, pongo mi confianza en ti. Tú me llevaste a esos niños en primer lugar, ahora ayúdame a llevarles algo especial. Ayúdame a mostrarles que este mundo puede darles amor y cuidado. No sé; no me importa parecer una tonta, si soy una tonta para agradarte a ti. Por favor acompáñame cuando hable a favor de los huérfanos mañana, y dale fuerza a mi voz. Gracias, Señor ¡Nos vemos mañana en la oficina!".

La reunión empezaba a las nueve de la mañana, y me aseguré de estar ahí una hora antes para hacer mi propuesta en la computadora e imprimir suficientes copias. *Eso sí que es profesional,* pensé.

Cuando Coulibaly entró a la sala de juntas, ya estaban ahí doce coordinadores de media docena de países africanos. Les pidió sus propuestas diciendo: "Muy bien, escuchemos lo que tienen todos ustedes. ¿Quién quiere comenzar?".

Nadie habló. Se miraban unos a otros, miraban alrededor de la sala de juntas, se encogían de hombros y sonreían tímidamente.

"¿Qué pasa? ¿Nadie tiene nada?", preguntó Coulibaly, sin poder creer lo que estaba pasando. "Vamos, amigos faltan dos semanas para el IVD, ¿y nadie tiene una idea? Esto va a ser muy importante en las oficinas centrales, así que será mejor que presenten una idea rápido, y más vale que sea buena".

"Tal vez podamos hacer algo en una escuela este año. Los estudiantes están empezando a regresar, así que podríamos reparar algunos salones de clase, o tal vez construir una escuela; hagamos algo en las escuelas", sugirió Martine, un voluntario de Guinea.

"Bueno algo relacionado con las escuelas. De acuerdo, está bien, pero no es muy específico. Vamos, éste es un país pequeño, pero tiene muchos problemas. No es difícil encontrar algo que tenga que arreglarse, amigos".

"¿Qué les parece construir una clínica en una aldea?", sugirió otro voluntario. "Mucha gente anda por ahí con infecciones y heridas, pero no pueden ir a ninguna parte a recibir tratamiento".

"Claro", respondió Coulibaly, "una clínica es una posibilidad. Decidan en qué provincia, encuentren la aldea, y luego hay que llevar a cabo investigaciones al respecto. Por Dios, no puedo creer que ninguno de ustedes haya explorado una idea. Lo que necesito son propuestas de todos, antes de que termine esta semana, así que si nadie tiene nada más qué decir..."

"Tengo un idea, señor", dije poniéndome de pie de un salto cuando Coulibaly se disponía a salir. Lo miré con ojos esperanzados, poniendo la pila de propuestas recién impresas sobre el escritorio.

Coulibaly se sorprendió, pero se veía complacido. Nunca antes me había escuchado hablar en una reunión, y mi repentino atrevimiento le resultó divertido. "Muy bien, Immaculée, ¿qué propones?".

Todo el grupo concentró sus miradas en mí, pues los empleados locales de Ruanda no presentaban sugerencias relacionadas con políticas y programas. Llenábamos formatos para requisiciones, copiábamos documentos, recibíamos a los invitados, y llevábamos a cabo otros deberes rutinarios; nunca nos involucrábamos en actividades relacionadas con la jurisdicción del personal. La ONU era muy jurisdiccional, había en ella jerarquías muy rígidas y cada quien sabía cuál era su lugar.

Respiré profundamente y empecé mi presentación con timidez. "Bueno, pensé que sería bueno que los voluntarios pasaran el día en el Orfanato de la Madre Teresa aquí en Kigali. Ahí viven 200 niños y niñas cuyos padres fueron asesinados en el genocidio, o cuyas madres fueron violadas durante la guerra. Pensé que podríamos empezar, llevando comida y bebidas para los niños y..."

"Olvídalo, nosotros no tenemos actividades relacionadas con huérfanos", interrumpió Kokou, un hombre alto y muy delgado de Togo, y uno de los miembros del personal más altaneros y desagradables.

"¿Por qué no?", pregunté, pues no quería que me rechazaran antes de tener siquiera la oportunidad de presentar mi propuesta. "Esos niños son parte de la comunidad, como lo somos todos, y necesitan más ayuda que la mayoría de la gente. No tienen absolutamente nada".

"¿Estás loca?", añadió. "Vienen personas de todo el continente para trabajar en un proyecto de desarrollo. Eso es lo que hacemos aquí: *desarrollo internacional*. Éste es el UNDP, no un servicio de niñeras".

"Tu idea es buena, Immaculée, pero Kokou tiene razón en lo que se refiere al aspecto del desarrollo", dijo Coulibaly con un tono amable. "Tenemos que pensar en algo sustentable. Necesitamos un proyecto que siga aportando algo a la comunidad después de terminado".

"Eso es exactamente lo que estoy proponiendo, señor. Lo he pensado mucho. Estos niños son la primera generación después del genocidio; son un recurso sustentable para Ruanda. Son quienes reconstruirán el país, y necesitamos darles tierra buena para cultivar en la medida de nuestras posibilidades. No podemos dejarlos abandonados. Si podemos mostrarles que hay mucha gente que los quiere, les daremos esperanza. Entiendo que esto no parezca muy importante, pero un día especial podría darles algo que les dure para toda la vida. Honestamente creo que un día de amor podría marcar en ellos una gran diferencia".

"Estamos aquí para prestar ayuda y apoyo técnico a la comunidad, Immaculée. Nunca he visto la palabra amor en una orden del UNDP", dijo Kokou burlonamente.

"Bueno, vean mi propuesta", dije. "Todo lo que he incluido en ella es parte de nuestra misión. Podemos dedicar un día a enseñar a los niños números y letras para que puedan leer señalamientos, eso es parte del programa de alfabetización. Podemos curar sus heridas con los medicamentos que llevemos, eso es parte del programa de salud. Y podemos ofrecerles la mejor comida que han tenido en dos años, eso es parte del programa de alimentación. Podemos cantar y bailar con ellos, lo que es parte del programa cultural. Y en lo relacionado con mejoras a favor de la comunidad, podemos plantar árboles y flores, limpiar y pintar el edificio, asegurarnos de que el suministro de agua sea de calidad".

"Todo eso es pérdida de recursos", interrumpió Kokou. "¿Por qué vamos a desperdiciar nuestro gran día del año haciendo algo que se desvanecerá en cuanto nos vayamos?".

"Pero no se desvanecerá", protesté. "No si lo hacemos con amor. Podemos mostrarles que existe un mundo más brillante; podemos llevarles inspiración".

"Ése no es nuestro trabajo", dijo escuetamente.

"Sí lo es; ése es precisamente nuestro trabajo", comentó Joelle, una joven de Camerún que estaba hojeando mi propuesta. "Somos ante todo una agencia de ayuda filantrópica. Immaculée tiene razón; nadie necesita más ayuda que los huérfanos del genocidio".

"También tiene razón en lo que concierne a nuestra misión", añadió Martine. "Todo lo que hay en esta propuesta es parte del programa que nosotros apoyamos. Y ella tiene planeado todo el día con un itinerario completo que se puede seguir. Creo que es una idea perfecta".

"Estoy de acuerdo", dijo Joelle.

Yo sentía que mi corazón se expandía, mientras mi propuesta circulaba alrededor de la mesa.

"Es posible que nos estés presentando una idea excelente", me dijo Coulibaly orgulloso. "Creo que todos los presentes la van a apoyar, incluso Kokou. Manda la propuesta a las oficinas de Alemania. Si la aprueban, nos vamos al orfanato".

Mandé la propuesta de inmediato, pero no tenía que esperar una respuesta. Sabía que Dios ya le había dado su aprobación.

JUSTO ANTES DEL AMANECER EN UNA HERMOSA Y SOLEADA MAÑANA DE DICIEMBRE, más de cien voluntarios de África, Europa, América, Asia y Australia se reunieron frente a las oficinas del UNDP para recibir órdenes. Cargaron los camiones con cajas de comida y bebida; sujetaron enormes pizarras al techo de los minibuses, y colocaron cajas de cuadernos para iluminar, crayolas, guías de estudio y cuadernos en cualquier espacio que pudieron encontrar. Teníamos carretillas y cajas llenas de pintura y herramientas, suministros médicos y grabaciones de música para bailar.

Míralos, señor; ¡tu ejército de amor listo para la batalla!, pensé.

¿Hay algo que quieras decirles antes de salir, Immaculée?", preguntó Coulibaly.

"Sólo que no pueden hacer esto a medias; no pueden engañar a un huérfano fingiendo que les interesa. Lo que hagamos hoy debe brotar del corazón".

Antes de que el convoy saliera rumbo al Orfanato de la Madre Teresa, Coulibaly reunió a todos, formando un círculo a su alrededor y dijo: "Lo que vamos a hacer hoy va a ser diferente a lo que hacemos normalmente. Se trata de niños que han tenido experiencias terribles, así que tenemos que asegurarnos de mostrar sensibilidad y cuidado. Todo lo que hagamos hoy debemos hacerlo con amor, nada debe hacerse a medias. ¡Ahora vamos a hacer que algunos de esos niños sonrían!".

Fue uno de los días más felices que he tenido. Los voluntarios entraron por las puertas del orfanato y fueron recibidos con los cantos de 200 niños que los habían estado esperando. Alguien conectó un estéreo y empezó a tocar música tradicional, y varias de las voluntarias de Ruanda empezaron a enseñarles a las niñas más grandes algunas de las danzas de nuestro país. Colocamos las pizarras para empezar con las clases de lectura y reunimos a los niños formando círculos para que escucharan relatos tradicionales de todo el mundo. Repartimos los cuadernos de iluminar y las crayolas y les dijimos a los niños que dejaran volar su imaginación.

La mitad del grupo se concentró en los niños, y los demás formaron grupos de trabajo para reparar y pintar paredes, limpiar pisos y baños, recoger basura y vidrios rotos de los patios, y plantar flores cerca de las puertas. Para la media tarde, el Orfanato de la Madre Teresa brillaba como una joya. Nunca había visto a los huérfanos más felices.

El único incidente que fue difícil para mí fue ver que Aurea, una mujer Tutsi que trabajaba conmigo en las oficinas de la ONU, rechazaba a una niñita que la había estado acariciando. Prácticamente la tiró de su regazo al suelo. La niña se quedó ahí en silencio por un momento, pero al darse cuenta de lo que acababa de pasar, empezó a llorar desconsolada.

"¿Qué pasó, Aurea? ¿Por qué la dejaste caer?", pregunté tomando a la niña en mis brazos.

"Mira su nariz, Immaculée".

"¿De qué hablas?".

"Su nariz es chata. Esa niña es Hutu".

Estaba yo tan enojada que quería golpearla. "¿Cómo puedes decir eso, Aurea? Es una niña inocente; ni siquiera sabe caminar y tú la odias. ¿Por qué? ¡No ha dañado a nadie!".

"Lo sé, lo siento, Immaculée, pero tú sabes lo difícil que es, mataron a mi padre y a mis hermanos... simplemente no puedo tenerla en mis bazos".

Me senté junto a Aurea y puse a la niña de nuevo en sus brazos. "Abrázala como si fuera tu propia hija", le dije, "porque es tuya. Esta niña es de todos nosotros".

Me senté con ellas hasta que las los estaban sonriendo; y la sonrisa de la niña era real, espero que la de Aura también lo haya sido.

Al final del día, un grupo de la estación de radio de la ONU llegó al orfanato para entrevistar a Coulibaly y preguntarle por qué se había elegido al Orfanato de la Madre Teresa como el proyecto del IVD en Ruanda.

"Hablen con *ella*", dijo mi jefe señalándome.

Nunca antes me habían entrevistado para la radio. A pesar de los aparatos de grabación y el enorme micrófono que el reportero puso frente a mí, no pensé que lo que yo estaba diciendo se transmitiría por toda la nación.

"Dinos por qué se eligió al orfanato para señalar la importancia del trabajo de los voluntarios en Ruanda". Mi dijo el reportero.

Durante los siguientes diez minutos dije todo lo que pude para alabar el trabajo de los voluntarios que habían venido a mi país de todo el mundo, y el porqué creía que era importante para todos nosotros aportar algo a nuestras comunidades. "Pero la razón por la cual vinimos al Orfanato de la Madre Teresa es que estos niños son los que van a construir la nueva Ruanda", dije. "Si no invertimos en su futuro, no tendremos un futuro".

Al día siguiente recibí en mi oficina mensajes de personas de todas partes que habían escuchado mi entrevista; mis tías incluso invirtieron dinero para hablarme desde Kibuye. "¡Immaculée!

¡Immaculée!", gritaba Esperance al teléfono. "¡Estabas en la radio! Todos hablan de ti. Todos están visitando los orfanatos que tenemos aquí para llevarles libros y ropa a los niños. ¿Cómo lo hiciste? ¿Cómo lograste que toda Ruanda te escuchara?".

La respuesta, por supuesto, podía resumirse en una palabra: *Dios*.

Capítulo 14

Abejas y bendiciones

El segundo aniversario del genocidio llegó y se fue. Aunque seguía yo extrañando mucho a mis padres y a mis hermanos, mi corazón estaba empezando a despertar de sus largos meses de duelo. Por primera vez, el recuerdo de mamá, papá, Damascene y Vianney encendió en mi interior un sentimiento que me impulsaba a formar mi propia familia. Yo le había pedido a Dios que me mandara un buen hombre en el momento adecuado, y cuando conocí a Bryan Black en la ONU, supe que finalmente estaba yo lista para una relación.

Bryan había entrado a trabajar a la ONU hacía varios años y había venido a Ruanda para ayudar a establecer el nuevo Tribunal Criminal Internacional para Ruanda (International Criminal Tribunal for Rwanda, ICTR), cuyas oficinas estaban en Arusha, Tanzania. Cuando nos conocimos en la primavera de 1996, me cautivó su aspecto, su carácter encantador y la actitud típica de los nativos de Trinidad. Pero lo más importante es que compartía mi fe.

Cuando llegamos a conocernos mejor, fuimos a Mataba, donde le presenté a mis tías y primas, y le mostré las ruinas del hogar de mi infancia y la tumba de mi madre y mi hermano.

Bryan dijo que no podía imaginar el dolor de perder a tantos seres queridos al mismo tiempo; él tenía catorce hermanos y hermanas, y todos estaban bien y saludables. No me pidió detalles de lo que había yo sufrido durante el genocidio, lo que estuvo bien, porque hablar de un dolor habría desencadenado todo el dolor de mi corazón.

Cuando éramos niños, mi madre solía usar un refrán popular en Ruanda para enseñarnos por qué debemos tratar bien a los huérfanos: "*Ukubita imfubyi ntuyibwiriza kurira*", decía, lo que significa: "Cuando golpeas a una niña huérfana, no tienes que pedirle que llore, sus lágrimas fluirán de una vida llena de dolor". Un buen ejemplo de esto es la forma en la que me sentí después de una discusión que tuve con Bryan, una mañana, cuando Sarah y su familia no estaban en la casa. Discutimos sobre algo que ya ni siquiera puedo recordar, pero que en ese momento era muy importante. Empezamos a gritar furiosos, pero él de repente se detuvo, dejó de discutir y salió de la casa dando un portazo.

Estoy segura de que muchas parejas tienen peleas similares durante el noviazgo, pero en mi caso, el amor tenía lazos muy dolorosos con la pérdida y la separación para no causar un impacto sobre mí. Bryan se fue tan abruptamente que pensé que tal vez nunca volvería, que es exactamente lo que había pasado con mis padres y mis hermanos. Empecé a llorar desconsolada. Primero derramé lágrimas por Bryan, pero cuanto más lloraba, más pensaba en la familia que había perdido. Imágenes gráficas de sus últimos momentos atormentaban mi mente; sus gritos de dolor; el miedo y la desesperación que sintieron al enfrentarse a los asesinos, sabiendo que serían inmisericordes; los machetes, las terribles heridas; la sangre. Era demasiado, ¡demasiado!

Dios mío, por favor quítame este dolor. ¡Ya no puedo soportarlo!

Me acurruqué en la cama en posición fetal, llena de angustia y llamando a mi madre: "Mamá, ¿por qué me dejaste? ¿Por qué, por qué, por qué?".

Pero entre más frenético era mi llanto, menos escuchaba mi propia voz, porque un zumbido alrededor de mi cabeza ahogó mis sollozos. Sentí un temblor en la nuca; pensé que alguien había entrado a la habitación, así que de manera instintiva enderecé la espalda para ver si había alguien ahí. Sobre mi cabeza había un enjambre de abejas, girando lentamente desde el techo hacia mi cara. La ventana estaba cerrada y la puerta estaba con llave, así que no tenía idea de cómo habían llegado ahí las abejas.

Al principio sentí pánico, pensando que me atacarían, pero después mi cuerpo se relajó por completo. El suave zumbido de las abejas tranquilizó mi sufrimiento, como si fuera una canción de cuna, y se acercaron tanto que podía sentir la minúscula brisa producida por sus alas sobre mis mejillas bañadas en lágrimas. Sentí como si mi madre estuviera arrodillada junto a mi cama y acariciara mi cara con su mano. Su amor me envolvió y supe que las abejas no me causarían ningún daño, en cierta forma me habían acercado a mi mamá.

Cerré los ojos y dejé que mi mente se remontara a una tarde de verano durante mi infancia en Mataba, cuando mi madre les había dicho a mis hermanos mayores y a Kaza, el muchacho que nos ayudaba con trabajos domésticos en la casa, que me llevaran con ellos a traer el agua que se necesitaba para preparar la cena. Yo tenía 12 años y tuve que correr mucho para seguir a Aimable, Damascene y Kaza, que salieron de la casa con las cubetas. El agua más fresca de la zona brotaba de un manantial en el valle, bajando la colina más empinada del lugar; era tan alta que me parecía una montaña.

Seguramente así es como se sienten los pájaros, pensé cuando llegué a la cumbre de la colina. Al mirar desde las alturas, le gente que estaba abajo se veía tan lejos que parecían hormigas. El descenso era difícil: una vereda tan angosta, insegura y zigzagueante, que a veces hasta las cabras perdían el equilibrio y caían. Pero mis hermanos y yo conocíamos muy bien las veredas y normalmente llegábamos al manantial en una media hora.

Íbamos más o menos a la mitad del camino cuando un enjambre de abejas salió de un arbusto cercano a la vereda; las abejas giraron sobre nuestras cabezas, formando una nube oscura y vibrante y luego se alejaron como un punto negro que se desvanecía en el cielo azul.

Cuando llegamos al manantial, Kaza y yo llenamos las cubetas y esperamos a mis hermanos en la sombra, metiendo los pies al agua fresca. "Estoy seguro de que esas abejas tienen muchísima miel", dijo Kaza.

"Me encanta la miel".

"A mí también. ¿Dónde crees que se fueron las abejas?".

"¡Volaron tan alto que seguramente van a llegar hasta Zaire!".

"Entonces no volverán en mucho tiempo. Vamos a vaciar una de nuestras cubetas para llenarla con la miel que nos vamos a robar cuando pasemos por el panal al regresar a casa".

"Eres listo, Kaza".

Mis hermanos llegaron y Damascene preguntó por qué una de las cubetas estaba vacía.

La vamos a llenar de miel", respondí.

"¿Estás loca? ¿Viste todas esas abejas?".

"Ya se fueron", insistió Kaza.

"Deben ser como mil abejas; no todas se fueron", señaló Aimable, y me dijo: "Olvídate de la miel. Ve a llenar esa cubeta con agua y vuelve a casa con Kaza. Nos vemos allá".

Los muchachos empezaron a escalar la colina, y Kaza y yo nos quedamos en la sombra hasta que ellos se alejaron por la vereda.

"¿Todavía quieres llevarte esa miel, Immaculée?".

"¡Claro! Me encanta la miel, y también a mis hermanos. Cuando vean toda la miel que voy a llevar, me rogarán para que les dé un poco".

Kaza y yo fuimos al arbusto donde habíamos visto a las abejas; él se arrodilló con la cubeta vacía y empezó a buscar entre las ramas de abajo.

"¡Ay!", gritó, sacando su mano rápidamente y dejando caer la cubeta bajo el arbusto. "¡Me picó! ¡Me picó!", gritó, y una mancha roja apareció en su muñeca.

Cuando traté de recuperar la cubeta, un enjambre de abejas como del tamaño de una sandía salió del arbusto, flotó en el aire unos segundos y luego se lanzó contra nosotros.

"¡Corre!", gritó Kaza, que había corrido colina arriba antes de que yo me diera cuenta y ya estaba a varios metros de distancia.

La primera picadura penetró en mi labio superior, como si me hubiera salpicado una gota de aceite hirviendo del sartén negro de mi madre. "¡Ay! ", me quejé, y antes de que pudiera gritar, mi cara y mi cuello explotaron en medio de un dolor ardiente. Me cubrí los ojos y busqué el sendero a ciegas, pero lo único que hice fue tropezarme contra el arbusto, sobre las abejas.

"¡Mamá! *¡Mamá!*", grité saltando, cayendo, levantándome, corriendo y volviendo a caer. "¡Mamá! ¡Mami!". Aunque ahora estaba en el suelo, con la cara contra las rocas, moviendo los brazos como loca y cubriéndome las orejas con las manos en un esfuerzo por defenderme del constante ataque de las abejas, seguí gritándole a mi mamá.

Escuché que alguien decía el nombre de mi madre arriba en la colina, y cuando miré hacia allá, escuché mi nombre. Un grupo de vecinos estaba tratando de decirme que corriera, pero yo no podía moverme. Gritaron de nuevo, pidiéndole a mi mamá que bajara: "¡Rose! ¡Rose! ¡Tu hija tiene problemas! ¡Las abejas la están atacando!".

"¡Que alguien le ayude!", gritó mi madre, que ya estaba en la cumbre de la colina. "¿Por qué se quedan ahí parados? Mi hija se está muriendo ¡Ayúdenle!". Pero nadie se me acercaba porque temían a las abejas.

"¡Ya voy, Immaculée!", gritó mi madre, saltando desde la cumbre de la colina y cayendo sobre una pila de rocas puntiagudas sobre las que era difícil caminar. Llevaba un vestido tradicional de Ruanda, con el que era difícil caminar, así que se tropezó en cuando llegó al sendero. Avanzó a gatas sobre la tierra y luego se puso de pie.

"¡Vuelve acá, Rose! Las abejas te van a matar", gritaban los vecinos.

Mamá los ignoró y corrió por el sendero rocoso sin dejar de gritar: "¡Ya voy, Immaculée! ¡Ya voy!".

La salud de mi madre a menudo era frágil. Era alérgica al polvo y caminar por un sendero para ir al trabajo en la escuela de la aldea podía provocarle un severo ataque de asma; se sofocaba al subir una pequeña escalera. Pero ahí estaba; cayendo, rodando y resbalándose en ese peligroso descenso para llegar hasta donde yo estaba.

Nunca antes había sentido que alguien me quisiera tanto como en ese momento, observando a mi madre a través de mis ojos inflamados por los piquetes de las abejas, y viendo como avanzaba entre las rocas y el polvo para rescatarme. A pesar del dolor que sentía, me preocupaba que ella pudiera sufrir un ataque de asma, tratando de llegar a mí. Me puse de pie y corrí hacia ella para que no tuviera que seguir bajando por la colina y arriesgarse más.

Ella me abrazó, me levantó en sus brazos y empezó a escalar la colina rumbo a casa, gritando: "¡Gracias a Dios estás viva! ¡Gracias, Dios mío! Tenía tanto miedo de que murieras y me dejaras. Dios mío, yo no podría vivir sin mi hija. ¡No podría vivir si perdiera a mi única hija!". Sus pulmones crujían y resollaban, mientras me llevaba a un lugar seguro.

"Estoy bien, mamá, puedes bajarme. Puedo caminar. Estoy bien. Por favor, mamá, tu asma bájame".

Nos detuvimos y nos sentamos juntas en las rocas unos minutos, mientras ella recuperaba el aliento, y las dos estábamos sollozando. Mi cara estaba muy inflamada y me dolía mucho, pero eso no me importaba. Abracé a mi Mamá y ella me abrazó. Luego me tomó de la mano y caminamos juntas por la colina, pasando frente a los vecinos que estaban atónitos habiendo sido testigos de una hazaña de amor maternal.

El heroísmo que mi madre mostró ese día llegó a ser parte de la tradición de la aldea durante años; siempre que alguien de la región hablaba de Rose y las abejas, uno sabía que estaba hablando del vínculo de amor entre una madre y su hija.

Mamá se pasó toda la noche en mi cuarto, cubriendo los piquetes con bolsitas de té, sosteniendo mi mano y entonando suavemente canciones de cuna tradicionales de Ruanda para ayudarme a quedarme dormida. Mi mamá me mostró su cariño en miles de formas durante su vida, pero yo nunca olvidaría la manera en que descendió entre las rocas para estar conmigo, y esa imagen nunca dejaría de llenar mi corazón de felicidad y mis ojos de lágrimas. Recé pidiendo que si yo alguna vez recibía la bendición de tener una hija, pudiera amarla tanto como mamá me había amado a mí.

CUANDO ABRÍ LOS OJOS, LAS ABEJAS HABÍAN DESAPARECIDO. Miré por todo el cuarto, pero no pude ver un lugar por donde podían haber entrado. Eso no me preocupó en absoluto. Entre más milagros veía, más dispuesta estaba a creer en ellos.

Sentí tanto consuelo y tanta paz en ese momento, que supe que mi madre seguía estando conmigo. El odio le había quitado la vida, su cuerpo ya no estaba en este mundo, pero su amor había trascendido a la muerte y nada lo alejaría de mí. Su espíritu siempre estaba cerca y respondería cuando yo lo necesitara.

Sentí que mamá había venido a enseñarme que la vida en la Tierra siempre será una batalla, que como las personas son imperfectas, no pueden evitar lastimar o desilusionar a los seres que aman; pero también debemos aceptar el hecho de que estamos ofendidos y desilusionados. Mamá sabía que yo necesitaba aprender esa lección y encontró una manera de comunicarse conmigo. Sabía que yo reconocería su amor a través de las abejas.

Bryan fue a verme en la noche para disculparse, pero la discusión que habíamos tenido ya no me preocupaba. A lo largo de la semana sentí la presencia de mi madre; y cuando estaba sola hablaba con ella como si estuviera conmigo en el mismo cuarto.

Le hablaba de todo lo que estaba ocurriendo en mi vida, de mi trabajo, de la gente que había sido buena conmigo y de la que había sido cruel, y le decía todo lo relacionado con el hombre maravilloso del que estaba enamorada.

"Ver" a mi madre me afectó profundamente; decidí no confiar en otros, sino permitir que el Señor se encargara de todo. Por eso, cuando Bryan me propuso matrimonio, le pedí a Dios que me ayudara a hacer los planes para mi boda.

Una boda tradicional en Ruanda es una celebración larga, complicada y hermosa. Consta de siete etapas, empezando con una reunión de la familia de la novia para evaluar la valía del novio y de su familia y amigos. También hay muchas negociaciones sobre la dote, las cuales involucran a ambas familias. Por lo general se decide que el novio entregue a la novia una vaca (la posesión más apreciada en la cultura de Ruanda) el día de la boda.

Después un cortejo que ha prometido proteger a la novia de cualquier peligro que encuentre en el camino, escolta a la novia a la ceremonia. La ceremonia en sí es una celebración rica en demostraciones que incluye las declaraciones de amor de la novia, las promesas del novio, un intercambio de regalos, y por supuesto, cantos, bailes, música y comida. Y uno de los puntos culminantes de la ceremonia es la presentación de una vaca cuidadosamente adornada a la novia, un símbolo de que nunca le faltarán los elementos esenciales de la vida: leche, mantequilla y fertilizante para los campos.

Una boda tradicional es un asunto familiar, pero como la mayoría de los miembros de mi familia habían muerto, mi boda sería para honrar su memoria. A mi padre en especial le habría gustado una gran ceremonia tradicional. Como es costumbre que la familia de la novia se encargue del lugar donde se llevará a cabo la ceremonia, a mi padre le habría encantado hacerlo. De hecho, lo tuvo en mente cuando construyó nuestra casa cerca del lago Kivu.

"Escogí este lugar para construir nuestra casa porque tiene un patio muy grande y con vista al lago", solía decirme cuando nos sentábamos afuera de la casa a ver la puesta del sol. "Podríamos fácilmente recibir aquí a quinientas personas. Nunca sabes cuándo tendrás que organizar una gran boda. ¿Y no crees que el lago sería un fondo perfecto para las fotos?", me preguntaba papá cerrándome un ojo. Era nuestra pequeña broma. Aunque él nunca dijo que esperaba que esa fuera mi boda, ambos sabíamos que eso era exactamente lo que quería decir.

Como se acostumbraba que la familia de la novia pagara los gastos de la boda, decidí juntar el dinero yo misma. Bryan se habría ofrecido a cubrir los gastos, pero éste sería mi regalo de bodas para mi padre. Se habría sentido muy mal si el novio rompiera la tradición firmando la factura.

Pero el dinero era un problema. Estaba segura de que al menos 200 personas asistirían a la boda tradicional, lo que significaba que necesitaría al menos un millón de francos de Ruanda, es decir, más de 2500 dólares estadunidenses; ¡casi un año de salario! Era una suma imposible. Era tan caro vivir en Kigali y eran tantas las personas que dependían de mi sueldo mensual que tenía muy poco dinero que pudiera ahorrar. Sólo había un lugar donde podría conseguir un préstamo de una cantidad tan grande.

Dios mío, recé. Dices en la Biblia que ningún padre le daría a su hijo una piedra si le pidiera un pan y podemos imaginar los grandes dones que nuestro Padre Celestial nos daría si sólo se los pidiéramos. Bueno, ahora necesito pedirte un don muy grande: necesito dinero para pagar mi boda. Nunca en mi vida he visto tanto dinero, así que dejo esto en tus manos, Dios mío. Te doy las gracias anticipadas.

Bryan y yo habíamos fijado una fecha, y yo personalmente ya había invitado a más de 300 personas. Desafortunadamente, sólo faltaban dos meses y yo no había mandado las invitaciones porque no había juntado el dinero, ni había encontrado a nadie que se encargara de pagar la ceremonia. Durante semanas, había yo estado tocando a la puerta de parientes lejanos, pidiéndoles que me permitieran usar su patio trasero para la ceremonia. Pero en tres ocasiones diferentes se negaron... Ya sea porque las circunstancias obligaban a su familia a sentirse incómoda si tuviera que abrir las puertas de su casa a un grupo de invitados, o porque habían perdido a tantos de sus hijos durante el genocidio que no podían abrir su corazón a una celebración.

Faltaban siete semanas para la boda cuando fui a casa de Dieudonne que había sido tan buen amigo de la familia que mis hermanos lo llamaban "tío" cuando eran niños. No lo había visto desde hacía muchos años, pero sabía que mis padres le habían ayudado a comprar una casa. Me recordó en cuanto abrió la puerta y me invitó a pasar.

"Es maravilloso volverte a ver, Immaculée", dijo. "No sabía que estabas en Kigali; si lo hubiera sabido, te habría invitado a mi casa hace mucho. Tus padres fueron tan buenos conmigo cuando era joven que me gustaría recompensar su bondad.

Eso me animó; Dieudonne tenía una casa pequeña, pero tenía un patio muy grande, que era todo lo que yo necesitaba para la boda. "En realidad, hay algo que podrías hacer para ayudarme", le dije. "Voy a casarme y necesito que alguien me preste un lugar para la boda. No te costaría nada; yo pagaré los gastos, pero necesito que alguien me abra las puertas de su casa".

"Lo siento, Immaculée. Me pides algo que no puedo darte. Por favor perdóname, pero no puedo ayudarte en eso". No me dio ninguna otra razón, pero yo sabía que el dinero le preocupaba y se sentía apenado de ser un mal anfitrión. Yo podría haberle asegurado de nuevo que el dinero no era un problema, pero me sentía muy desanimada y no pude discutir, ni suplicar más. Era difícil para mí pedir favores y era humillante ser rechazada por mis familiares (sin importar lo lejanos que fueran) en un asunto tan personal y tan importante para mí. Ya no tenía otros conocidos; Dieudonne había sido mi última esperanza.

Cuando llegué a casa de Sarah, tenía un terrible dolor de cabeza, así que me fui a la cama sin hablar con nadie. Había una carta de mis tías Esperance y Jeanne esperándome sobre mi almohada. Habían dicho que tomarían el lugar de mis padres en la boda, pero ahora decían que no podrían asistir porque los soldados del *Interahamwe* provenientes de Zaire estaban cruzando la zona todos los días, matando y aterrorizando a los Tutsis. Escribieron:

Querida Immaculée:

Lo sentimos mucho, pero hay demasiados bandidos y asesinos en las carreteras y no podemos viajar. La semana pasada, cinco mujeres Tutsis que se dirigían a Kigali fueron sacadas de un autobús y asesinadas.

Esperamos que tengas una bonita boda.

Jeanne y Esperance

Arrugué la carta y me dejé caer sobre el colchón. Minutos después ya estaba dormida, soñando con mi casa en Mataba. Toda mi familia estaba en el patio de atrás, sentada a la mesa. Mi mamá había preparado todos nuestros platillos favoritos y los había servido en nuestra vajilla más fina, sobre los mejores manteles de lino. Mis tres hermanos comían hambrientos, y mis padres estaban sentados al final de la mesa, tomados de la mano y mirándome. Detrás de ellos, el lago Kivu brillaba bajo una puesta de sol color de rosa.

"¿No es un panorama maravilloso, Immaculée? Perfecto para las fotos de una boda", dijo mi padre con un tono de nostalgia.

"Papá, ¿por qué no puedes estar en mi boda? Nadie me abre sus puertas ¿No puedes venir por mí?".

"No te preocupes, cariño. Estaré en tu boda; todos estaremos ahí. Ten fe".

A LA MAÑANA SIGUIENTE EL DOLOR DE CABEZA HABÍA DESAPARECIDO, y yo estaba feliz de haber visto a mi familia reunida de nuevo. Tomé el rosario que me había dado la mamá de Sarah y mientras me dirigía a la oficina le recé a la Virgen María: *Por favor, Madre mía, intercede por mí como lo has hecho tantas veces. He pedido un gran favor y necesito toda la ayuda que pueda conseguir. He invitado mucha gente a una boda que no puedo pagar, pero sé que me vas a ayudar, como siempre lo has hecho. Bendita seas entre todas las mujeres. Por favor ayuda a tu hija que te ama.*

Después de pasar por la puerta de seguridad del UNDP, pasé por el estacionamiento, donde noté la presencia de una voluptuosa mujer africana con un traje muy fino, bajándose de un coche nuevo. Era tan raro ver a una mujer conduciendo un vehículo en Ruanda, que supuse que esta señora tenía un esposo rico, que trabajaba en la política, o ambas cosas. Ella se dio cuenta de que yo no podía quitarle los ojos de encima y pensé que me iba a regañar por ser tan mal educada. Pero sonrió cordialmente, levantó la mano derecha y pude ver que, como yo, ella tenía un rosario.

"Eres Immaculée, ¿no es cierto?", me dijo. "Me comentaron que amas a la Virgen María tanto como yo. Se acercó a mí y añadió: "Pude leer tus labios diciendo el Ave María cuando pasaste por la puerta, y de inmediato supe que eres 'la chica que reza mucho'".

"Antes era 'la chica que lloraba mucho'", comenté riendo.

"Bueno, tenemos que asegurarnos de que no empieces a llorar otra vez, ¿verdad?". Volvió a reírse y se presentó; su nombre era Chantal Kagaba, una Tutsi que recientemente había empezado a trabajar en el UNDP.

"¿Sabías que somos hermanas?", preguntó.

"¿Lo somos?".

"Si la Virgen María es mi madre y es tu madre, eso nos hace hermanas, ¿no?", explicó tomándome del brazo. En Ruanda no era común que dos mujeres que se acaban de conocer actuaran con tanta familiaridad, pero yo ya sentía que había conocido a Chantal por muchos años. Por alguna razón, tal vez por su rosario y su cálida sonrisa, combinados con su amor a la Virgen María, confié en ella de inmediato.

"Y como sabes, las hermanas se cuidan unas a otras, así que yo te voy a cuidar. Vas a comer conmigo hoy, Immaculée. Yo invito, ni siquiera trates de discutir al respecto".

"Me encantaría comer contigo, Chantal, pero yo puedo pagar mi comida. No tienes que preocuparte por eso".

"Tú eres la que no tienes que preocuparte", respondió mientras entrábamos a la oficina.

A mediodía, mi nueva amiga y yo fuimos al centro en su coche. Me enteré de que ella había estado fuera del país durante el genocidio, pero su esposo había sido asesinado. Como yo, ella encontró consuelo en la oración a Dios, a la Virgen María y a Jesús, a quienes ella llamaba "los Tres Grandes".

"Norah me dijo que te vas a casar", me dijo Chantal. Norah había sido mi jefa durante más de un año. Era una mujer amable e inteligente que había venido de Holanda, y había llegado a ser una muy buena amiga para mí.

"Sí, dentro de siete semanas". Estaba nerviosa y no sabía si debía invitar a la ceremonia a alguien que acababa de conocer; todavía no tenía dinero, ni comida y tampoco alguien que me prestara un lugar. Pero sabía que Dios y todos mis santos y ángeles guardianes estaban trabajando para que todo saliera bien, así que invité a Chantal a mi boda.

"Claro que voy a estar ahí; ¡yo no me perdería la boda de mi hermana! Recuerdo muy bien la mía. Hubo mucha gente, y la música, y los bailes. Tuvo tantos detalles, fue tan bonita ¡Tan terriblemente cara! Mi pobre padre casi acabó en la quiebra".

Después de estacionar el coche, me dijo en confianza: "Sé que tus padres murieron, y sé que no podrías pagar una boda con todo lo que implica, así que me gustaría ayudarte".

"¡No! Ni siquiera me conoces, yo no podría".

"¡Cómo de que no te conozco!", interrumpió Chantal. "Ya te dije, María es nuestra madre, ¡así que somos hermanas! Y no quiero escuchar una palabra de discusión. Ahora sal del coche porque ya llegamos".

Insistió tanto que yo no sabía cómo reaccionar. Miré por la ventana y dije: "Pero no hay restaurantes por aquí".

"Te dije que te iba a invitar a comer, pero no te dije dónde íbamos a comer. Vamos de compras", dijo señalando una tienda al otro lado de la calle. Leí el letrero Chez Jojo.

"¡Jojo!", grité.

"¿Dónde más comprarías un vestido de novia?".

Yo no sabía qué decir. Con lágrimas en los ojos miré a Chantal y luego a la imagen de la Virgen María que ella tenía en el tablero del coche. "Gracias", murmuré. "Gracias a las dos".

"De nada. Ahora vamos corriendo antes de que se acabe la hora de la comida".

Jojo Nzabamwita tenía los mejores vestidos de novia tradicionales de Ruanda y los mejores accesorios. "Me da gusto volverte a ver", dijo saludando a Chantal cuando entramos. "Así que esta es la afortunada chica de la que me hablaste. Vas a ser una novia encantadora sin importar qué vestido te guste. Escoge el que quieras. Sólo recuerda que podría ser importado, pero sigue siendo de Ruanda".

Como todos los sastres de Kigali habían sido asesinados en el genocidio, todos los vestidos de la tienda habían venido de Uganda o de Burundi. Sin embargo, todo lo que estaba en exhibición estaba hecho siguiendo el estilo de Ruanda y era hermoso. Chantal y yo elegimos un vestido elegante, la tradicional corona de cuentas que usa la novia y los zapatos. Todo costó una fortuna, pero mi nueva amiga ya había arreglado el pago con Jojo antes de que llegáramos para que yo no me sintiera mal a la hora de pagar.

"Eres un ángel, Chantal", le dije cuando salíamos de Chez Jojo.

"No, pero estoy trabajando en ello", me dijo sonriendo.

Cuando regresé al trabajo, Norah me llamó a su oficina.

"Lamento llegar tarde, Norah", comencé.

"No seas tonta", respondió con ese brillante acento holandés que siempre hacía que sonara feliz, independientemente de su estado de ánimo. Vio las bolsas con lo que habíamos comprado, sonrió y continuó: "Veo que saliste con Chantal, qué bueno. Ahora es tiempo de mi regalo. Sé que en tu cultura la familia de la novia se encarga de la comida, y como te considero como parte de mi familia, Immaculée, ya me he encargado de todo. No tienes que preocuparte".

Estaba yo tan conmovida que casi no podía encontrar palabras para darle las gracias. Le di un fuerte abrazo, sabiendo que Dios y la Santísima Virgen sabían lo agradecida que estaba; mis oraciones habían sido escuchadas.

Y los milagros siguieron ocurriendo. En cuanto me senté frente a mi escritorio, sonó el teléfono. Era mi amiga Agathe, que había aceptado ser una de las damas junto con Claudine, una compañera de trabajo.

"Claudine y yo decidimos que sería demasiado para ti pagar los vestidos de las damas, así que ya los compramos. Adiós", dijo riéndose y colgó.

Unas dos horas después, Claudine vino a mi oficina con Chantal. Llevaban enormes bolsas de papel. Sin que yo lo supiera, habían recorrido todo el edificio del UNDP pidiendo donativos para el "Fondo de la ONU para una Novia Huérfana". Empezaron a vaciar las bolsas sobre mi escritorio, cubriéndolo con una pila de dinero de 60 centímetros de altura. Había suficiente dinero para pagar toda la boda sin que yo tuviera que pedir prestado, ni gastar mis mínimos ahorros. Mi corazón estaba tan lleno de amor por todos que pensé que iba a explotar.

El teléfono siguió sonando todo el día. Una llamada fue de una compañera de trabajo que no tenía dinero, pero dijo que llevaría champaña para todos en la boda. Otro colega ofreció las mejores sillas de comedor para que la novia y el novio estuvieran cómodos. El jefe del UNDP llamó para decir que los vehículos de la ONU estarían disponibles para transportar lo que yo quisiera en ese día tan especial; también haría que los carpinteros construyeran los asientos del patio para los invitados en cuanto supiera dónde sería la ceremonia. Y personas que yo no conocía se acercaron a mi escritorio para ofrecerme toda la ayuda que yo necesitara.

Estaba abrumada con tanta bondad y me deleitaba en el amor y el poder del Señor. *¡Qué profundo es tu amor por tus hijos, Dios mío!* Cantaba mi corazón. *¡Qué Padre tan hermoso eres!*

Luego, cuando salía yo del trabajo, me topé con Sayinzoga, uno de los viejos amigos muy queridos de mi padre, que además era pariente lejano de mi mamá. Había sido voluntario en la ONU en Senegal durante muchos años y recientemente había regresado a Ruanda. Aunque nos habíamos encontrado varias veces en los corredores en las últimas semanas, siempre estábamos demasiado ocupados para platicar.

"Hola, hija", me dijo.

"Sayinzoga, me da gusto verte. Mi padre hablaba de ti con mucho cariño".

"Leonard era un buen hombre, Immaculée. Fue muy bueno con mi familia y un maravilloso amigo para mí. Y puedo ver que fue un excelente padre; te educó bien".

"Gracias".

"Pero me sorprende que yo tenga que enterarme de ciertas cosas sobre ti que tú deberías haberme dicho".

"¿Qué cosas?", pregunté alarmada.

"¡Que te vas a casar! No sé por qué no me has pedido que tome el lugar de Leonard. Tengo una casa con un patio muy grande y será un honor para mí ser el anfitrión de tu boda".

"¡Ah, Sayinzoga! ¿Cómo podré agradecértelo?".

"Dale las gracias a tu padre. Las cosas buenas que hacemos viven después de nuestra muerte, y la bondad nunca se olvida".

La boda fue la más hermosa a la que he asistido; no porque fuera la mía, sino porque yo sabía Quién había hecho que fuera posible.

Capítulo 15

Tiempo de partir

L a primera amenaza de muerte vino después de que perdoné a un asesino.

Ser sobreviviente del genocidio era peligroso en Ruanda. Miles de asesinos seguían viviendo libremente en las aldeas de todo el país, y cada uno sabía que lo único que se necesitaba para mandarlos a prisión, o condenarlos a muerte, era que un sobreviviente los acusara de haber participado en la matanza.

Los testigos Tutsis, y los testigos potenciales, constantemente desaparecían. Otros eran encontrados muertos en tramos solitarios de los caminos, flotando en los ríos y lagos, o incluso en su cama. Los sobrevivientes que recurrían a las autoridades para dar informes sobre sus vecinos que personalmente vieron asesinar, torturar y violar a los Tutsis, se volvieron el blanco del ridículo, de las burlas y de la violencia. Por ejemplo, después de que citaron a mis tías en el tribunal para dar testimonio contra uno de sus vecinos, fueron acosadas e insultadas cada vez que salían de la casa. Al día siguiente de aparecer en el tribunal, Esperance fue atacada frente a su casa, la derribaron y la golpearon casi hasta matarla. Pasó meses recuperándose de ese ataque.

Cuando yo fui a la prisión cercana a mi aldea para perdonar a Felicien, el hombre que ayudó en el asesinato de mi madre y de Damascene, también fui el blanco de los asesinos.

Felicien ya había sido acusado de sus crímenes contra mi familia. Aunque yo reconocí su voz cuando estaba oculta en la casa del pastor, y escuché cuando gritaba que quería encontrarme para que fuera la cucaracha Tutsi número 400 que él había asesinado, yo no buscaba venganza. Fui a la prisión a hacer sólo lo que mi corazón y mi Dios me exigían: ofrecerle mi perdón. Y eso fue exactamente lo que hice. Pero algunos Hutus de la aldea vigilaban constantemente la cárcel para darse cuenta de quienes iban y venían, y supusieron que yo había viajado desde Kigali para presentar evidencias contra Felicien.

Pocos días después visité a mis tías, y Jeanne me advirtió: "Creo que ya no es seguro que vengas a casa a vernos. Hemos oído hablar a la gente; creen que estás testificando. Dicen que pasaste tres meses oculta en casa del Pastor Murinzi escuchándolos hablar, creen que reconociste todas sus voces y que los vas a identificar ante la policía. Dicen que sería mejor que estuvieras muerta, Immaculée. ¡Ten cuidado!... "¡Mira lo que le hicieron a Esperance!".

Yo estaba furiosa. "Mataba es el lugar donde crecí, y es donde mi madre y mi hermano están sepultados. Esta gente me arrebató a mi familia, Jeanne, y no voy a permitir que me alejen de mi hogar".

Pero las cosas empeoraron después de que un reportero del periódico gubernamental *Imvaho*, fue a mi oficina en la ONU y empezó platicar conmigo. Después de un poco de conversación sobre temas triviales, me dijo como si fuera algo que se le acabara de ocurrir: "Estuve hablando con algunas personas de la oficina sobre los Tutsis que sobrevivieron al genocidio y me dijeron que tu historia es extraordinaria. ¿Es cierto que perdonaste al hombre que mató a tu mamá?".

Se veía tan amistoso que le conté toda la historia: la forma en que mis padres ayudaron a la gente cuando empezó la matanza; como el Pastor Murinzi nos escondió y le mintió al *Interahamwe*, pues sospechaban que estábamos en su casa; lo que escuché decir a los asesinos mientras nos buscaban; y cómo descubrí el amor de Dios y pude perdonar a Felicien y a los otros asesinos. El hombre era tan agradable, y yo fui tan ingenua, que no me di cuenta de que un reportero me estaba entrevistando.

Una semana después la historia se publicó en el *Imvaho*, que circulaba en todo el país y también en países vecinos. Miles de personas lo vieron, y los que no sabían leer le pidieron a alguien que se lo leyera. Yo estaba viajando a Mataba cuando salió el artículo y no me enteré hasta que llegué a la casa del Pastor Murinzi para visitarlo.

"¿Qué es esto Immaculée?", me preguntó molesto, agitando una copia del *Imvaho* en cuanto toqué a la puerta. Su enojo me sorprendió y me lastimó. Siempre me ponía sentimental cuando estaba cerca de la casa del pastor, y no estaba preparada para ser atacada por el hombre que me había salvado.

"¿En qué forma lo he ofendido, Pastor? No sé de qué habla".

"¿Cómo es posible que no lo sepas?", preguntó incrédulo, abriendo el periódico y poniendo el articulo frente a mi cara. "Concediste una entrevista a un periódico del gobierno, y ahora todo el país sabe lo que pasó aquí. Esto es terrible, Immaculée es espantoso".

Mientras mis ojos recorrían el artículo, pude ver que mis palabras aparecían exactamente como yo las había dicho. Me molestó que no se me hubiera informado claramente que la entrevista se publicaría, pero no había ningún error en la historia, así que no podía entender por qué el pastor estaba tan molesto. "Lo siento", dije. "Yo sabía que el hombre era reportero, pero era una conversación privada. De todos modos, ¿qué importa? Todo es verdad, no daña a nadie".

"¿No daña a nadie? Ahora Todos saben que le mentí al *Interahamwe*. Todos saben que las oculté a ustedes, un grupo de mujeres Tutsis".

"Debería estar orgulloso de lo que hizo, Pastor. Usted nos salvó la vida, e hizo lo que Dios quería que hiciera. Es un buen ejemplo de la clase de amor que las personas deberían sentir entre sí y muestra a los Tutsis que hay Hutus valientes que arriesgaron su vida para ayudar durante el genocidio".

"¿Cómo puedes vivir a través de tantas cosas y seguir siendo tan tonta, Immaculée? Ese artículo me muestra como un traidor ante los Hutus. ¿Sabes cuántos miembros del *Interahamwe* hay por aquí? Ahora van a pensar que yo te hablé de lo que Felicien hizo y dijo. Todos los días matan a la gente por menos que eso. Deberías preocuparte de mantener la boca cerrada y de ser invisible, no parlotear sobre lo que pasó en mi casa. *Nunca* hables de lo que pasó aquí".

"¿Cómo puede decir eso?", exclamé. "¿Quiere que guarde secretos sobre la gente que mató a mis padres? ¿Quiere que traicione a mis padres como traicioné a Vianney cuando usted me obligó a decirle que se fuera de la casa, cuando me obligó a mandarlo a la muerte?". Lágrimas candentes brotaban de mis ojos mientras pensaba en la primera noche que pasé ahí, en especial porque estaba de pie exactamente en el mismo lugar donde había visto vivo a mi hermano por última vez.

"¿Espera usted que me oculte de la gente que asesinó a mi familia?", continué. "Mis padres y hermanos están muertos y merecen justicia. Perdonaré a los asesinos, pero no me ocultaré de ellos; no mentiré por ellos. Usted y yo estamos vivos, Pastor, y sabemos la verdad ¡Tenemos que hablar! Tenemos que hablar por los muertos porque no hay nadie más que hable sobre lo que les pasó".

El Pastor Murinzi suspiró preocupado. "Haz lo que quieras contigo misma; yo tengo suficientes problemas para preocuparme por ti, pero por favor, lo único que quiero que hagas para agradecerme que te salvara la vida es que me olvides, que olvides mi casa. Olvida que te oculté, Immaculée, adiós".

El pastor cerró la puerta y yo caminé por el jardín, sintiéndome como una niña que fue golpeada injustamente por su padre. Yo amaba al pastor por su bondad durante el genocidio, pero estaba furiosa con él por tratar de ocultar lo que pasó. Estaba muy enojada por la forma en que me había hablado; si mis padres estuvieran vivos, él me habría mostrado más respeto.

Yo sabía que muchos Hutus que no habían participado en el genocidio o que habían ayudado a los Tutsis no querían hablar sobre lo que había pasado. Querían mantener en secreto lo que habían hecho y no compartirlo con sus familias porque sus hermanos, sus padres y sus hijos habían sido asesinos. De todos modos, me dolía haber tenido un disgusto con el Pastor Murinzi.

Después del genocidio tuve una pesadilla recurrente en la que estaba corriendo por la aldea en medio de la noche, perseguida por los asesinos y por perros rabiosos que trataban de morderme los pies. Todas las casas por las que pasaba estaban obscuras y cerradas menos la casa del pastor, que estaba encendida como un faro. En mi sueño, él siempre estaba en la puerta esperando que yo entrara y estuviera a salvo, para luego cerrarles la puerta a los asesinos. Pero después de mi discusión con él, no podía acercarme a su casa sin pensar que nuestra amistad había terminado y que yo ya no era bien recibida ahí.

Afortunadamente esta historia tuvo un final feliz. Pasaron muchos años, pero Dios finalmente nos reunió de nuevo. Volvimos a ser amigos y compartimos con orgullo nuestra historia con otras personas.

El artículo del periódico que me alejó del Pastor Murinzi también atrajo sobre mí mucha atención que me puso en peligro. Miles de asesinos habían pasado por nuestra aldea durante el genocidio, y ahora tenían razones para preocuparse de que yo los hubiera escuchado haciendo planes para matar o peor, que hubiera yo escuchado cuando estaban matando a alguien en la calle frente a la casa del pastor. Mi vida estaba en manos de Dios, así que no dediqué mucho tiempo a preocuparme, pensando en la cantidad de personas que querrían que yo estuviera muerta. Pero al paso del tiempo más personas eran arrestadas, y me di cuenta de lo expuesta al peligro que estaba, especialmente cuando iba a visitar la tumba de mi madre.

Para el verano de 1996, los asesinos del *Interahamwe* y quienes habían sido soldados Hutus que dirigían los campos de refugiados en Zaire, estaban llevando a cabo violentos ataques en las comunidades fronterizas de Mataba. El número de Tutsis asesinados era cada vez mayor, y los relatos de terror sobre las violaciones y abusos del *Interahamwe* contra los refugiados Hutus se escuchaban por todas partes.

Paul Kagame, que entonces era vicepresidente de Ruanda, pero que en realidad era su líder político y militar, hablaba en la radio cada semana asegurándoles a los refugiados Hutus inocentes que podían regresar a su patria sin miedo a la muerte o al encarcelamiento. Al mismo tiempo, pedía ayuda a la comunidad internacional para que impidiera que el *Interahamwe* siguiera cometiendo atrocidades en Zaire y asesinando a los Tutsis en Ruanda. "Salven a nuestro pueblo de estos asesinos de la jungla o tendremos que hacerlo nosotros mismos", suplicaba Kagame, dirigiéndose a los países de occidente y a las Naciones Unidas.

A pesar de las repetidas solicitudes para que una fuerza internacional sacara al *Interahamwe* de los campamentos de Zaire y liberara a los refugiados Hutus, nadie fuera de Ruanda estaba dispuesto a involucrarse en el conflicto. Finalmente, a fines de 1996, Kagame mandó sus tropas a Zaire y atacó al *Interahamwe* sin ayuda de nadie.

Hubo luchas terribles en la jungla, pero cuando el *Interahamwe* se retiró ante el ataque de las fuerzas de Kagame, cientos de miles de refugiados Hutus escaparon de los infernales campamentos y regresaron a Ruanda. Yo vi los noticieros en las pantallas de televisión de las oficinas de la ONU y no podía creerlo. Todo el éxodo Hutu que había salido de la nación tres años antes parecía estar regresando como una ola enorme. Una fila de refugiados de más de 100 kilómetros serpenteaba, cruzando Zaire hacia la frontera con Ruanda, y muchos de ellos estaban hambrientos, enfermos y vestidos con harapos. A las orillas de los caminos yacían los cuerpos de ancianos y niños que simplemente habían caído muertos por el agotamiento. El espectáculo desde la ventana de mi oficina también era perturbador, pues las calles de Kigali se estaban llenando de refugiados Hutus.

Su regreso representaba un problema; lo que más preocupaba a los Tutsis era que eran tantos los Hutus que habían cruzado la frontera tan rápido, que era imposible saber cuántos asesinos se ocultaban entre ellos. ¿Cuántos tenían armas ocultas bajo sus harapos? ¿Cuántos eran miembros del *Interahamwe* o habían sido reclutados y entrenados para iniciar otro genocidio? Nadie lo sabía, pero todos se preocupaban.

Pocas semanas después de que la horda de refugiados saliera de Zaire, el gobierno de Tanzania cerró los campos de refugiados en ese país. Otro medio millón de Hutus sin hogar volvieron a Ruanda de diferentes direcciones, y en esta ocasión lo hicieron incluso con mayor rapidez. ¡El número de refugiados Hutus que llegaron a Ruanda en esas breves semanas casi igualaba al número de Tutsis en el país! La pregunta era: ¿Se establecerían pacíficamente o habría una nueva revolución y otro conflicto sangriento?

BRYAN QUERÍA QUE DEJARA YO DE CAMINAR AL TRABAJO porque sentía que las calles se habían vuelto demasiado peligrosas. Yo no quería volver a sentirme como una prisionera en mi propio país, así que seguí caminando al trabajo. Pero parecía que cuatro años después del genocidio todos los que vivían en Ruanda eran de hecho prisioneros.

Los juicios de quienes habían organizado el genocidio estaban empezando a llevarse a cabo en Arusha, Tanzania, y los juicios de los asesinos Hutus "ordinarios" se llevaban a cabo en la ciudad de Kigali. Más de cien mil Hutus estaban en prisión, esperando enfrentarse a sus acusadores, y más de mil sospechosos de homicidio eran arrestados cada mes. Pero las escalas de la justicia estaban torcidas: miles de Hutus que habían cometido crímenes nunca fueron arrestados, a miles que posiblemente eran culpables y fueron arrestados, se les encarceló sin que hubiera una acusación en su contra. Y también había muchos Hutus que eran inocentes, pero que sus vecinos Tutsis acusaron falsamente buscando venganza.

Christian, el hermano de John, fue una de estas víctimas de la venganza Tutsi y fue acusado falsamente; una injusticia que yo no podía tolerar.

Sammy, el mejor amigo Christian, era Tutsi. Habían sido amigos toda la vida, jugaron en el mismo equipo de futbol siendo adolescentes y fueron juntos a la universidad. Sus diferencias étnicas nunca afectaron su amistad, y Christian habló contra los extremistas y a favor de la igualdad de derechos para todas las tribus. Durante gran parte del genocidio, Christian estuvo en casa del Pastor Murinzi, que era su tío. Desde el baño a menudo lo escuché hablar, y fue uno de los pocos Hutus que escuché hablar abiertamente contra lo que se les estaba haciendo a los Tutsis.

Sammy se unió al ejército rebelde Tutsi para luchar contra los extremistas Hutus y el *Interahamwe*. Cuando regresó de la guerra, encontró los cuerpos de sus padres y hermanos en el suelo de la casa de su infancia. Luego fue a ver a Christian y encontró a su viejo amigo viviendo con su familia en la hermosa casa donde había crecido. Sammy empezó a sentir resentimiento contra Christian, y su resentimiento se transformó en odio.

Aunque la familia de Christian se mudó a Zambia, Christian permaneció en Ruanda. Un amigo mío que trabajaba con él me dijo que un día Sammy se presentó en su oficina y amenazó a Christian con una pistola y empezó a gritar: "¡Este hombre es un asesino! ¡Mató todos los días durante el genocidio! Lo voy a llevar a prisión y que nadie trate de impedirlo".

Sammy entregó a Christian a los carceleros de la Prisión Central de Kigali, diciendo que había sido testigo de que Christian había asesinado a su familia. Christian protestó, pero Sammy había peleado con los rebeldes y su palabra tenía mucho peso. Christian fue encarcelado con la población general.

La prisión era una oscura fortaleza de la que yo siempre trataba de alejarme. Si pasaba cerca de esa enorme monstruosidad de ladrillo rojo, que parecía una tumba empapada en sangre y sobresalía en la *Avenue de la Justice,* siempre escuchaba gritos. Casi 8 000 prisioneros Hutus habían sido encerrados tras esos horribles muros en un espacio diseñado para la cuarta parte. En las sucias celdas había ancianos y también niños de 11 o 12 años de edad y se veían obligados a pelear por la comida y a defenderse de los ladrones, matones y depredadores sexuales de la cárcel.

Yo no podía permitir que Christian se pudriera en ese hoyo oscuro, esperando un juicio que nunca llegaría. Yo había vivido una injusticia horrible y había visto a mi familia ser víctima de la crueldad; si queríamos que la nueva Ruanda fuera una nación justa y respetuosa de la ley de Dios, teníamos que hacer lo correcto. Además del hecho de que yo sabía dónde había estado Christian durante el genocidio, también sabía que él nunca habría sido capaz de cometer un asesinato, pues era una de las almas más bondadosas que había conocido. Por lo tanto, sin importar lo repugnante y aterradora que fuera esa prisión para mí, tenía que ir ahí y hablar a favor de Christian.

Hasta en la sección segregada por donde me escoltaron se percibía el olor a muerte; empecé a sentir que se me revolvía el estómago y finalmente entré a la prisión, pasando por una gran puerta de hierro. Luego pude ver, a través de una ventanita en el muro de ladrillo, el lugar donde miles de hombres escuálidos, vestidos con raídas camisas color de rosa, se arremolinaban tan apretujados que no había lugar para moverse y sólo podían avanzar unos cincuenta centímetros a la vez. Me estremecí al pensar en lo que sería una condena de por vida sufriendo persecución, dolor y culpa. Y sería mucho peor ser encarcelado sabiendo que se te había acusado falsamente, que eras un hombre inocente rodeado de monstruos.

Dios mío, por favor manda a algunos ángeles a este calabozo, dije rezando en cuanto entré a ese lugar. *Estas pobres almas están enterradas tan profundamente en las tinieblas, que tal vez nunca puedan encontrarte sin ayuda de alguien.*

"¿Qué estás haciendo aquí y por qué quieres ver a un asesino Hutu?", me preguntó el carcelero ante el que me llevaron.

"Ustedes tienen encerrado aquí a un hombre inocente", respondí.

Él soltó una carcajada. "¿Quieres señalármelo?", preguntó moviendo la mano hacia el patio principal. "Tengo 8 000 asesinos inocentes en esta cárcel".

"Se llama Christian y es mi amigo. Fue entregado por un hombre llamado Sammy que mintió sobre él. Tengo pruebas de que es inocente, y no me voy a ir hasta que usted me diga que lo va a liberar".

El carcelero movió la cabeza y revisó sus "registros", un montón de papeles rotos, arrugados y atados con un cordón. No había un registro del arresto de Christian, pero aunque parezca increíble, este hombre encontró su nombre escrito en uno de los papeles que tenía en las manos.

"De hecho recuerdo a este tipo", me dijo. "No puedo prometer nada, sin embargo lo voy a investigar. Pero nunca vuelvas a venir aquí. La gente pensará que eres una traidora o que vienes a testificar, y eso te traerá problemas. No sacarás nada bueno de este lugar".

Nunca volví a esa horrible prisión, pero mi visita de hecho tuvo buenos resultados: Christian fue liberado ese mismo día. Tiempo después se casó con una empleada europea de la oficina de asuntos extranjeros y se mudó a Suiza para formar una familia.

Sin embargo, el carcelero tuvo razón cuando dijo que la prisión me causaría problemas. Poco después, mi nombre apareció en otro periódico importante de Ruanda; se me identificaba como sobreviviente del genocidio, como testigo de asesinatos, y como residente de Kigali.

"Llegó el momento de irnos de aquí", dijo Bryan después de ver ese periódico.

Al día siguiente, un amigo Hutu que trabajaba en la ONU me advirtió: "Tú sabes que yo no tuve nada que ver con los asesinatos, Immaculée, pero algunas personas que conozco sí fueron asesinos, y anoche escuché que mencionaron tu nombre. No sé de qué estaban hablando, pero tenía que ver con el hecho de que los Tutsis testificarán en los juicios. Tienes que cuidarte".

Si eso no fuera suficiente para preocuparme, supe que los insurgentes del *Interahamwe* habían sacado de un autobús a la fuerza a mi prima Agnus, una monja que vivía en el norte, junto con otros 30 Tutsis. Los despojaron de su ropa y les dispararon. Los demás pasajeros murieron, pero Agnus sobrevivió porque estaba cubierta con la sangre de las otras víctimas y los asesinos pensaron que estaba muerta.

Esa semana hubo noticias terribles en todo el país; tenían que ver con las agresiones del *Interahamwe* en las que asesinaban a docenas de Tutsis, a menudo con machetes. Parecía que nuestra pesadilla nacional estaba empezando una vez más.

Luego, en medio de todas estas malas noticias, recibí la mejor noticia de mi vida: Estaba embarazada. En medio de tanta muerte, yo tenía una vida dentro de mí.

Puse mis manos sobre mi vientre que suavemente iba aumentando de tamaño y le di gracias a Dios por el mayor de todos los dones que Él me había dado. Me había bendecido con una nueva vida que yo tenía que proteger. Bryan tenía razón; había llegado el momento de salir de mi patria.

Capítulo 16

En Estados Unidos

Descendimos entre las nubes y ahí estaba yo, flotando sobre un mundo de cristal y acero, con edificios tan altos que tocaban el cielo. La ciudad de Nueva York apareció ante mis ojos. Pude ver el puerto abajo y la antorcha de la Estatua de la Libertad señalando mi futuro. El sol de la tarde se reflejaba en millones de ventanas y parecía que la ciudad había sido labrada en oro. Cuando yo era una chiquilla en Mataba nunca soñé que pudiera existir un lugar así. Un despliegue interminable de torres que apuntaban hacia el cielo, elevándose desde cañones profundos llenos de coches y gente ¡más gente que todos los habitantes de Ruanda! Puse mi mano sobre mi vientre y esperé la patadita que me hacía saber que mi bebé estaba bien.

Mira toda esa gente tan activa allá abajo, bebé, dije cavilando mientras el avión descendía al aeropuerto. *No tenemos que preocuparnos por la soledad en nuestra nueva vida.*

Bryan y yo nos instalamos en un vecindario llamado Rosedale, en el distrito de Queens, que era tan diferente a Ruanda como nunca nos hubiéramos podido imaginar. El área era agradable, con una mezcla de muchas razas y con una presencia significativa de inmigrantes recién llegados del Caribe, pero no llegué a conocer bien a nadie en realidad. Había casas a lo largo de las calles, pero estaban apartadas de la calle y de la acera en sí porque tenían grandes patios ocultos tras arbustos y cercas. Además sus habitantes solían salir corriendo de los coches para entrar a las casas sin poner mucha atención a los vecinos.

Allá en Mataba la gente vivía con las puertas abiertas y todos se conocían y si no se conocían, se presentaban de inmediato. Los recién llegados esperaban visitas de vecinos que les traían regalos de bienvenida, así que pronto dejaban de ser desconocidos. La aldea recibía a la gente nueva con calidez y hacía que se sintiera en casa. Aunque Kigali se estaba recuperando del caos que siguió al genocidio, había un sentido comunitario; sin importar hacia donde fuera yo en la ciudad, encontraba algún conocido que me saludaba. Pero llegué a Rosedale sin conocer a nadie, y la comunidad no era el lugar más fácil para que los recién llegados hicieran amigos o al menos conocieran a sus vecinos.

Mi esposo hizo arreglos para que lo transfirieran a las oficinas mundiales de la ONU en Manhattan. Cuando llegamos de Ruanda en agosto de 1998, tomó un mes de permiso para poder organizarnos en la casa, pero en septiembre retomó su horario normal de trabajo. Salía temprano en la mañana y regresaba tarde por la noche. Me enteré de que el tráfico tenía mucho que ver con el tiempo que las personas pasaban juntas en Nueva York. Eileen, mi suegra, vivió con nosotros por un tiempo, pero trabajaba cuidando ancianos y también estaba fuera de la casa casi todo el día.

Por eso, después de toda la emoción de llegar a vivir a Estados Unidos, empecé a vivir como ama de casa y futura madre. Las cosas no eran como yo las había visualizado cuando abordé el avión en Kigali, pero tenía un hogar y lo más importante era que mi hija, que estaba por nacer, estaba a salvo de todo daño. Para pasar el tiempo aprendí a cocinar platillos típicos de Trinidad para Bryan, usando el libro de recetas de su mamá.

También dediqué las primeras semanas de mi nueva vida en Estados Unidos a aprender las sutilezas de la cultura estadunidense, a la que había estado muy poco expuesta, pues se limitaba a las películas americanas dobladas en francés que nos pasaban las monjas en el colegio. Las dos que recordaba yo muy bien eran *Rambo* con Sylvester Stallone y *Un príncipe en Nueva York* con Eddie Murphy, pero ninguna de las dos me preparó para la vida real en Estados Unidos, donde la gente iba de compras a un lugar llamado Costco que era más grande que el Aeropuerto Internacional de Kigali. Cuando vi la abundancia de mercancías entre las que los americanos podían escoger, entendí por qué se necesitaba tanto espacio.

Los interminables corredores se veían todos iguales, excepto por los diferentes productos que había en los estantes, y yo me perdía en el laberinto de mercancías. La cantidad de comida era casi aterradora: nunca antes había visto una lata de frijoles tan grande que pudiera alimentar a toda una familia de Ruanda durante toda una semana. Y no sólo era comida, si alguien quería, podía comprar un aparato de televisión en un departamento, encontrar kilos y kilos de pescado en el siguiente, escoger todo un guardarropa en otro, y llevarse un juego de neumáticos camino a la caja. Había tal abundancia, pero nadie parecía notarlo. Bueno, nadie excepto mi vecino Smith que no había comprado nada en años.

Smith fue el primer amigo que tuve en Estados Unidos, y durante muchos meses él fue mi único amigo. Nos conocimos el día en que intenté preparar mi primer *pelau*, un platillo de pollo con arroz, típico de Trinidad. Yo no estaba contenta con el resultado y estaba a punto de tirarlo a la basura cuando vi a Smith trabajando en el jardín de la casa de al lado. La primera impresión que me causó no fue muy buena: vestía pantalones de mezclilla y una camiseta blanca que estaba tan sucia que era de color gris oscuro, y sus pantalones estaban manchados con grasa y desgarrados en las orillas. Como diríamos en Ruanda, parecía una vaca que había masticado su ropa y luego la había escupido. Pero después noté la humildad con la que me miraba y la sonrisa bondadosa y sincera que iluminaba su rostro. Pude ver que tenía buen corazón y supe que llegaríamos a ser amigos.

"Hola, soy Smith", dijo, y se acercó a estrecharme la mano. "Bienvenida al vecindario".

"Hola, me llamo Immaculée".

"¿De dónde vienes?".

"Ruanda".

"Ah, eres de África. ¡Hablas inglés y africano! Adoro a tu presidente, Nelson Mandela".

Me reí. Las pocas personas que había yo conocido en Nueva York hasta ese momento parecían pensar que África era un enorme país con un solo líder. "África es un continente con más de cincuenta países, Smith", corregí. "No hay un solo idioma africano, hay como dos mil idiomas".

"Vaya, seguramente tienen que recordar muchísimas palabras", respondió sonriendo. "Pero de todos modos admiro a tu presidente. ¡Mandela es mi héroe!". Smith miró por la puerta abierta de nuestra casa y olfateó pensativo. "Tu casa no tiene olor africano, huele a Trinidad ¡huele bien!".

"Mi esposo es de Trinidad. Estoy aprendiendo a cocinar los platillos que le gustan, pero todavía no lo hago muy bien".

"Bueno, eso huele como un *pelau* perfectamente preparado, y yo debo saberlo. Soy de Trinidad, y el *pelau* es mi platillo favorito", me dijo mi vecino animándome. Me sonrió y regresó a su trabajo.

Esa noche, cuando le dije a Bryan que había hablado con Smith, me dijo que él ya lo había conocido y que lo había contratado para que hiciera algo de trabajo en el sótano de la casa. Bryan también pensaba que Smith era un buen hombre y que era confiable, así que la siguiente vez que vi a Smith lo invité a probar mi intento más reciente de preparar un platillo típico de Trinidad.

"Vaya", dijo con la boca llena. "¿Estás segura de que eres africana? Este *pelau* sabe como si hubieras crecido en Trinidad".

Smith llevaba otra ropa, no la que llevaba cuando lo conocí, pero estaba tan arrugada y tan sucia como la otra. Conforme nos fuimos conociendo, me explicó sus circunstancias. Me dijo que había crecido en Trinidad, en una casa cerca del océano, con unos padres cariñosos y con tres hermanos que habían sido inseparables. Sus recuerdos de su primera infancia estaban llenos de felicidad, pero cuando él tenía seis años, su madre enfermó y murió. "Después de la muerte de mamá, mi papá siempre estaba borracho. El gobierno nos puso a mí y a mis hermanos en diferentes hogares adoptivos y nunca los volví a ver. Unos años después, supe que mi padre había muerto a consecuencia del alcohol, y ésa es la historia de cómo me convertí en un huérfano.

"Hice una vida nueva en Estados Unidos. Tenía un buen trabajo como plomero y me casé con una mujer que amaba. Tuvimos un hogar y un hijo, y éramos felices pero mi hijo creció y se fue lejos, y ella me dejó para no tener que compartir su herencia conmigo. Cuando ella se fue ya nada me importaba. Las cosas fueron muy difíciles durante mucho tiempo. Mi madre no vivió lo suficiente para enseñarme a limpiar la casa, a cocinar o a lavar la ropa, y cuando mi esposa se fue, ya no interesaba aprender".

Un momento después continuó. "No me importa mi apariencia, ni me importa lo que tengo. La gente cree que lo que tenemos es lo que nos hace felices, pero lo que sí es importante es ser una buena persona, como Dios quiere que seamos. En este país la gente cree que puede comprar la felicidad, por eso las tiendas son tan grandes; creen que las cosas grandes te dan una gran felicidad. Lo único que yo tengo es a mí mismo y a Dios, y soy feliz".

Smith venía seguido a la casa a platicar. Como lo habían hecho mis amigos en Ruanda, me advirtió que yo confiaba demasiado en la gente. "Eres africana, Immaculée, así que debes tener cuidado", me advirtió. "No puedes ser con todos como eres conmigo. La gente te va a tratar mal porque eres negra".

"¿Por qué me tratarían mal?".

"¿No sabes lo que pasa en este país? ¿No has oído hablar de los prejuicios contra los negros?".

"¿Te refieres a la esclavitud? Sé sobre la esclavitud, pero eso se acabó hace años, Smith. ¿Me quieres decir que todavía existe?".

"Tienes mucho que aprender, Immaculée. A veces se discrimina a los negros sólo por ser negros. Es una maldad, pero es un hecho. Aquí hay mucho odio Al ser africana serás víctima del racismo".

"No. Lo que me dices no puede ser cierto", protesté. "Salí huyendo de un lugar donde había tanto odio y discriminación que la gente mataba a sus propios vecinos y familiares, ¡no me digas que pasa lo mismo en Estados Unidos! Pensé que el odio racial era parte de la historia aquí. La Guerra Civil terminó hace más de cien años, ¿no es cierto?".

"Algunas cosas nunca terminan", dijo mi amigo con tristeza. "Lamento haberte hecho sentir mal al decirte esto, pero es mejor que sepas la verdad. No puedes andar por ahí confiando en todo el mundo".

"Lo siento, Smith, pero aunque lo que dices fuera cierto, siempre tendré que esforzarme por amar a las personas y darles una oportunidad de amarme. No puedo sospechar que todos han actuado mal, sin razón alguna: eso es lo que causa el odio y la desconfianza por principio de cuentas".

"Entonces te deseo buena suerte", dijo Smith. "Pero si alguien te causa daño, ven a verme".

Aunque fue difícil para mí creer los preocupantes comentarios de mi amigo sobre el racismo en Estados Unidos, de alguna manera hizo que me sintiera más tranquila con respecto a lo que pasó entre los Hutus y los Tutsis, pues tuve una perspectiva más amplia que hacía que el odio pareciera menos personal. Ahora podía ver que la intolerancia que había llevado al genocidio asolaba a todas las tribus y razas de la tierra, no sólo a las de mi país. En todas partes existían los mismos prejuicios entre ricos y pobres, hombres y mujeres, personas de diferentes religiones y de diferente color de piel. Y si el mal era universal, podíamos trabajar juntos contra un enemigo común.

RUANDA ERA CONOCIDA COMO LA "TIERRA DE LA ETERNA PRIMAVERA" porque su clima era muy agradable y cómodo a lo largo del año. Allá, nunca teníamos que preocuparnos por tener calefacción en las casas o por tejer suéteres u otro tipo de ropa caliente, pero eso no pasaba en Nueva York. Para fines de octubre vientos helados estaban arrancando las hojas muertas de los árboles en Rosedale. Fue la primera vez que sentí frío, y no lo disfrutaba en lo más mínimo.

Aunque ya estaba yo en el octavo mes del embarazo, mis náuseas eran peores que nunca. Estaba tan pesada y tan adolorida que ni siquiera podía inclinarme, las tareas domésticas más sencillas me parecían imposibles y hasta leer me causaba náuseas. Lo único que podía hacer para pasar el tiempo era sentarme en sala con una cubeta junto a mí y mirar por la ventana mientras el implacable viento del norte acababa con los últimos rastros del verano en Queens.

Los días pasaban con dolor, y las paredes de mi nueva casa parecían más pequeñas con cada hora que pasaba. Durante una de las constantes noches de insomnio, tomé mi rosario y en silencio le pedí ayuda a la Virgen María. *Madre mía, tú siempre he has ayudado en mis necesidades, y me estoy volviendo loca sentada aquí día y noche esperando a vomitar. Sé que tú te enfrentaste a grandes problemas mientras esperabas el nacimiento de tu hijo, pero por favor ayúdame a vencer estas molestias físicas mientras espero la llegada de mi bebé.*

La mañana siguiente estaba yo mirando por la ventana y tratando de no vomitar una taza de té, cuando escuché el sonido lejano de las campanas de una iglesia. Desde que llegué a Nueva York no había ido a la iglesia debido a mis náuseas. Pero en ese momento me levanté con dificultad del sillón, hice la cubeta a un lado y me puse todas las blusas y suéteres calientes que pude encontrar. Tenía que encontrar esas campanas.

Los ladrillos color marfil de la Parroquia de Santa Clara parecían cálidos y acogedores, mientras me acercaba a la puerta principal sobre la que se elevaba un campanario alto. En su interior, la iglesia era amplia y hermosa con una hilera doble de pilares de mármol a lo largo de las bancas del centro, y siete vitrales con imágenes de la historia bíblica a lo largo de ambos muros laterales. La misa estaba a punto de comenzar y yo abracé el ritual como un viejo amigo que había estado lejos de mí mucho tiempo.

Durante el siguiente mes traté mis náuseas yendo a misa todos los días. No me curé por completo, pero fue una medicina excelente. Cuando no había nadie con quien hablar, visitar la casa de Dios siempre aliviaba mi soledad y alejaba mi mente de mis molestias físicas. En largas horas de oración pude agradecer adecuadamente a Dios por haberme traído sin riesgo desde Ruanda y pedirle el único don que ahora deseaba más que nada: un bebé sano y feliz.

Más tarde me arrepentí de no haber usado mi tiempo en Santa Clara para pedir un parto rápido y sin dolor.

"¡MAMÁ!". MIS GRITOS RESONABAN POR TODOS LOS CORREDORES DEL HOSPITAL, donde tuve un trabajo de parto de 18 horas. Lo único que podía yo hacer era gritarle a la mujer que debió advertirme sobre al agonía de dar a luz. Si lo hubiera hecho, tal vez habría yo entrado al convento como lo había planeado siendo niña.

¿Cómo sobreviste esta tortura, mamá? Debiste amarme mucho más de lo que pensé jamás si sufriste todo esto para que yo naciera. ¡Dios mío!

La primera vez que Bryan me preguntó cuánto me dolía, arranqué las cortinas de la pared. Seis horas más tarde, cuando me lo volvió a preguntar sacudí la cama tanto que le arranqué la barra lateral de metal con la mano. Pero al final de todo, el 13 de noviembre de 1998, nació mi adorada Nikeisha. Era hermosa, era saludable, pero no estaba muy feliz. Llegó al mundo llorando y siguió llorando. El médico me aseguró que estaba bien. Nikki sólo tenía cólicos y se le pasarían en unos cuantos días.

Pero la pobrecita niña lloró durante semanas. Nunca dormía más de 20 o 40 minutos seguidos, y cuando despertaba volvía a llorar a gritos como antes. Yo estaba despierta con ella todo el tiempo, alimentándola, con los ojos medio cerrados, dormitando unos minutos, cambiando pañales estando medio dormida.

Bryan tomó todo el tiempo libre al que tenía derecho en su trabajo cuando nos mudamos a Nueva York, así que ahora tenía que ir a trabajar. Su madre tenía un catarro persistente y tenía que quedarse en su cuarto para no contagiar a la bebé. Aunque vivíamos en la misma casa, pasó un mes antes de que ella pudiera tener en sus brazos a su nieta recién nacida. Por lo tanto, mis primeros meses como madre fueron tan agotadores en lo emocional y en lo físico como el periodo que había yo pasado escondiéndome de los asesinos en el baño del Pastor Murinzi. El dolor de extrañar a mis padres, en especial a mi madre, me invadió una vez más, llenándome con un nuevo dolor del corazón, mientras arrullaba a mi niña recién nacida en mis brazos sin poder hacer nada para tranquilizarla.

"Mamá, ¿no puedes ayudarme, no puedes ayudarme por favor?", murmuraba suavemente tratando de permanecer despierta y alimentar a Nikki cuando dejaba de llorar lo suficiente para tomar algo de leche.

Lo que hizo esos días más difíciles era imaginar la gloriosa bienvenida que mi hija hubiera tenido en Mataba, pues el nacimiento de un niño es uno de los eventos más importantes para una familia y para una aldea de Ruanda.

La primera semana después del nacimiento de un bebé, la madre debe estar en cama siete días mientras sus amigas y familiares del sexo femenino la atienden y se encargan del recién nacido. La nueva madre tiene prohibido ver el sol en una semana para asegurar que se recupere por completo en cama. El séptimo día se viste con ropa tradicional, le ponen una corona en la cabeza y le entregan a su bebé para que pueda iniciar oficialmente su papel como madre.

Al día siguiente se prepara una comida especial y se invita a todos los niños de la aldea a la casa de la madre para que coman hasta hartarse. Luego los niños se sientan formando un círculo alrededor de la madre y cada uno de ellos toma en sus brazos al recién nacido y sugiere un nombre. El noveno día el padre elige uno de los nombres que eligieron los niños o inventa uno basándose en lo que ve cuando mira los ojos de su hijo o hija. Finalmente, se organiza una fiesta comunitaria para dar la bienvenida al recién nacido al reino de Dios en la Tierra.

Pero en Rosedale no había nadie que me acompañara. No hubo descanso, no hubo una ceremonia para elegir un nombre, ni una fiesta para celebrar el nacimiento. Lo único que hubo fue el llanto de mi babé.

Unas semanas después del nacimiento de Nikki, empezó el invierno con una ráfaga de aire helado. Cayeron del cielo sesenta centímetros de una cosa fría, húmeda y deprimente llamada "nieve", sepultando a la ciudad y dejándome atrapada en la casa. Hacía tanto frío que mi niña y yo no habríamos salido de la casa, aunque hubiéramos estado suficientemente despiertas para hacerlo, si nos hubiéramos sentido suficientemente bien o si hubiéramos sido lo bastante valientes para intentarlo. Cada mañana me sentaba con ella hasta el amanecer.

Dos meses del sufrimiento de mi niña habían acabado con mi ánimo y agotado mi energía. Una noche de enero con temperatura bajo cero, estaba yo arrullándola en mis brazos, mirando por la ventana y viendo como la nieve se apilaba frente a las puertas cerradas de los vecinos. El mundo y todo lo que había en él parecía estar congelado.

Abrazando a mi niña con fuerza contra mi pecho, me puse de rodillas en medio de la habitación y me dirigí a Dios: "Señor, lo siento, ¡pero no puedo hacer esto! Me diste esta hermosa niña, pero ya no puedo más, tal vez cometiste un error. No estoy lista para ser madre, y siento mucho haberte desilusionado. Los médicos dicen que no le pasa nada malo a mi bebé, pero no puedo aliviar su dolor y detener sus lágrimas. Estoy cansada, enferma y me duele todo por dentro. He llegado al límite y no creo poder durar mucho así por favor, Dios, ayúdame".

Pocos días después mi oración fue escuchada. Mi dulce niñita durmió tranquilamente toda la noche, y cuando despertó, sus ojos estaban secos y la sonrisa que había en sus labios todavía sigue ahí. A partir de esa noche, durmió sin problema, desde el momento en que la ponía yo en la cama en la noche, hasta que me despertaba con su risa en la mañana. El trauma de esas primeras semanas se desvaneció como un recuerdo distante y fue remplazado por la alegría incomparable que encontré en ser madre.

CUANDO NIKKI CUMPLIÓ OCHO MESES DE EDAD, decidí que había llegado el momento de regresar a trabajar. Ella era el centro de mi vida, pero algo me estaba llamando. Creía que Dios me había salvado la vida para compartir mi historia con el mundo, lo que significaba que tenía que regresar al mundo. Por fortuna, yo sabía dónde podía encontrar ese mundo sin salir de la ciudad de Nueva York: la sede mundial de las Naciones Unidas, al otro lado de East River, en Manhattan. Dios me había ayudado a conseguir un trabajo en las oficinas de las Naciones Unidas en Kigali cuando era una refugiada sin dinero, y no podía yo ver una razón por la que no pudiera hacer lo mismo por mí ahora.

Pero Bryan no compartía mi entusiasmo. "Immaculée, eres una inmigrante africana que acaba de llegar a Estados Unidos", me dijo. "Cuando la gente viene a este país, empieza desde abajo y trabaja para ir ascendiendo; así son las cosas. Nadie te va a contratar en las Naciones Unidas". Él creía que si yo quería trabajar, mis aspiraciones deberían ser más modestas para empezar.

Aunque Bryan tenía un buen puesto en las Naciones Unidas y pudo haberme recomendado, se preocupaba por su reputación como un empleado justo y honesto, y no se veía bien que alguien recomendara a sus familiares para un trabajo. Quería ayudarme, pero me sugirió que mientras me esforzaba por mejorar mi mecanografía y mi inglés, debería conseguir un trabajo limpiando casas u oficinas.

A veces mi esposo y yo no veíamos las cosas de la misma manera. No tenía nada de malo trabajar limpiando casas, pero sólo tenías que echarle un vistazo a mi casa para darte cuenta de que yo no estaba hecha para las labores domésticas. Además, yo sabía que Dios tenía algo más en mente para mí, y no quería desilusionarlo.

En mi siguiente viaje a Cosco para hacer compras, conseguí un programa para perfeccionar mi mecanografía. Lo puse en la computadora que teníamos en casa y a lo largo de los tres meses siguientes practiqué mecanografía todas las noches, mientras Nikki dormía en su cuna junto a mí. En 90 días pude triplicar mi velocidad y mejorar mi precisión al doble.

Mi siguiente paso era encontrar una nana confiable. Conocí a una mujer jamaiquina muy agradable llamada Gloria, altamente recomendada por el párroco de Santa Clara. Aceptó hacerse cargo de Nikki durante un día para que yo pudiera ir al centro a buscar trabajo. Tenía un contacto en las Naciones Unidas, un supervisor de la oficina de Nueva York llamado Arturo, que había estado en Kigali una semana para supervisar nuestro trabajo. Sólo había hablado con él unos minutos, pero me dio su tarjeta y me dijo que pasara a verlo si alguna vez estaba en Manhattan. Así que todo estaba listo: había mejorado mi mecanografía, tenía un contacto de trabajo y tenía una nana. Lo único que me faltaba era notificarle a Dios que había llegado el momento de regresar al trabajo.

Durante siete días, abrigué bien a mi niña, caminé a Santa Clara y recé en esa hermosa iglesia cada mañana. También medité y ayuné para aclarar mi mente y mi cuerpo. Y antes de irme a la cama todas las noches me aseguraba de perdonar a todas las personas que me habían hecho enojar o me habían causado molestias, enviándoles oraciones y bendiciones. Después de una semana, le dije a Bryan que iría con él a la oficina al día siguiente y le expliqué mi plan: "Lo único que necesito es que me dejes afuera del edificio a las 8 a.m. y me recojas a las 6 p.m. cuando salgas de trabajar. Yo haré el resto". Así que muy temprano al día siguiente me dejó en First Avenue y me deseó buena suerte.

"¿Qué asunto la trae a las Naciones Unidas esta mañana, señorita?", preguntó el guardia en el vestíbulo.

Le mostré la tarjeta de Arturo.

"¿Tiene usted cita con él?".

"Me dijo que pasara a verlo", respondí honestamente y él me informó dónde estaba el elevador. Minutos después, la secretaria de Arturo me escoltó a su oficina y estaba yo estrechando la mano del único profesionista de Manhattan cuyo nombre conocía.

Al principio Arturo fue muy amable, me dijo que me sentara y me ofreció una taza de té. Pero cuando me preguntó qué estaba haciendo en Nueva York y le dije que estaba buscando trabajo, su actitud cambió. Me miró y al parecer lo que vio no le agradó.

Todos los meses que había yo pasado encerrada en casa con Nikki no habían sido muy favorables para mi cutis y mi figura. Me veía demacrada por las semanas que no había podido dormir bien y todavía cargaba con el sobrepeso de mi embarazo. Mi cabello podría estar mejor; y aunque estaba luciendo mi mejor ropa, era la que había traído de Ruanda y ciertamente no era la última moda en trajes de oficina para Nueva York. Con una simple mirada, Arturo acabó con toda mi confianza; en lugar de sentirme como una buena candidata para un puesto, me sentí como un ama de casa desaliñada.

"Discúlpame un momento", dijo con cortesía y salió de la oficina. Poco después su secretaria entró y me dijo que Arturo había recibido una llamada inesperada y que no regresaría. Cuando me acompañó al elevador, añadió que no había vacantes disponibles en esa oficina y que sería una pérdida de tiempo regresar.

¿Eso es todo?, pensé cuando regresé a la planta baja. *¿No he estado aquí ni diez minutos y ya agoté todas mis posibilidades?* No había nadie más con quien pudiera yo hablar, y los guardias de seguridad no me dejarían entrar si no tenía al menos el nombre de alguien que trabajara ahí.

Mientras me rodeaba la febril actividad matutina de los empleados, saqué mi rosario de mi bolso y oré en silencio en medio del vestíbulo lleno de actividad: *He hecho todo lo posible para estar lista para esto, Señor. Bryan me va a recoger a las 6, así que no tengo mucho tiempo. Por favor mándame a alguien que pueda ayudarme a encontrar un trabajo aquí rápido.*

Antes de poder siquiera terminar mi oración, pasaron junto a mí dos mujeres hablando en kinyarwanda, y grité: "¿Oigan, ¿son de Ruanda?".

Se sorprendieron tanto como yo de escuchar a alguien hablar nuestro idioma. El kinyarwanda no se escucha con mucha frecuencia en Manhattan, a pesar de ser un lugar donde es posible encontrar tantas etnias. Las dos estaban encantadas de conocer a otra persona de Ruanda, y pronto estábamos charlando como si fuéramos viejas amigas. Cuando les dije lo que me había pasado con Arturo, una de ellas se rio y dijo "Es un desgraciado. De todos modos, no querrías trabajar para él". Entonces la otra escribió el nombre y número telefónico de un supervisor de otro departamento. "Dile que yo te pedí que fueras a verlo", me dijo, y las dos me desearon buena suerte.

Al final del día estaba yo sentada en la oficina de una mujer francocanadiense que era la encargada de contratar personas para el Programa Mundial de Alimentos de Naciones Unidas. Había viajado a Ruanda y amaba nuestra cultura ¡Y se había hospedado en el Centro Christus cuando estuvo en Kigali! Hablamos en su oficina durante dos horas sobre muchas cosas, desde el sabor de la famosa cerveza de banano, hasta nuestra fe en Dios y en el poder de la oración.

Cuando el personal de la oficina se preparaba para salir, ella recordó que yo había venido a verla para conseguir un trabajo. "En realidad no hay nada disponible", me dijo. "pero algo me dice que éste sería un buen lugar para ti. No puedo prometerte nada, pero si se presenta algo, serás la primera en saberlo".

Cuando Bryan me recogió y me preguntó cómo había pasado el día, respondí con una gran sonrisa y le dije que todo había estado bien.

Durante las dos semanas siguientes estuve rezando para que sonara el teléfono, y cuando sonó, era mi nueva amiga francocanadiense con la noticia de que alguien en la oficina tomaría un periodo largo de vacaciones. "Es un contrato de tres meses", me dijo. "No es mucho, pero te abre las puertas. El resto dependerá de ti, Immaculée".

Dependerá de mí y de Dios, rectifiqué en silencio.

Como muchas otras bendiciones en mi vida, encontré ese trabajo a través de la oración. Podía ver a Dios presente en toda mi vida. Ocho meses después de salir de Ruanda, Dios me había dado una casa, una hija y un interesante trabajo en la ciudad de Nueva York. Y antes de que terminara el año, daría yo los primeros pasos para cumplir el propósito que Dios había elegido para mi vida.

~✤~

Capítulo 17

El mundo escucha mi historia

Mi pasado fluía por mi mente más rápido de lo que mis dedos podían mecanografiar. Un torrente de palabras que brotaba de mi corazón, como una avalancha de pensamientos, fue para mí una verdadera catarsis que duró cuatro meses.

El frenesí de escribir empezó con un catarro que tuvo mi hija en mayo de 2000. Su llanto me había despertado en medio de la noche, iniciando una reacción en cadena de emociones que requirió cien mil palabras para calmarse. El sufrimiento de Nikki me hizo pensar en mi madre y en cuánto la necesitaba para que me enseñara a cuidar de mi niña. Eso me hizo pensar en cuánto habría amado Nikki a su abuela, lo que me llevó a reflexionar en el cariño que toda mi familia habría sentido por ella y en cuánto la habrían consentido. Y eso, a su vez, me hizo pensar en la forma en que había perdido a mis seres queridos en el genocidio.

Mi mente empezó a remontarse a toda velocidad a abril de 1994. Todo lo que había visto, sentido y escuchado; todo lo que había tocado, olido y percibido, inundó mi mente y mis sentidos en forma tan vívida que sentí que estaba volviendo a vivir cada momento.

Creo que Dios me habló a través de los sollozos de Nikki, recordándome que los millones de lágrimas que yo había derramado desde el genocidio eran ahora la tinta con la cual escribiría mi historia.

Tres semanas después de escribir la primera oración, había terminado la mayor parte del manuscrito de *Sobrevivir para con-*

tarlo. Pero regresé a él una y otra vez a lo largo de los cuatro años siguientes, siempre que pensaba en algo que añadir, como algún detalle de mi infancia, un relato gracioso sobre mis hermanos, los cantos de cacería de los asesinos, y recuerdos sobre la fortaleza y la bondad de mis padres. Y luego pensaba en la forma en que el amor de Dios había envuelto mi corazón y trataba de encontrar palabras para describir un amor que desafiaba toda descripción. Finalmente, supe que había terminado, y había llegado el momento de convertir todas las páginas que había escrito en un libro. Desafortunadamente, yo no sabía si alguien querría leerlo y tampoco sabía cómo hacer que se publicara.

Tomé las páginas amarillas del directorio telefónico y empecé a buscar una casa editorial en la ciudad de Nueva York, pero decidí que sería más fácil y más rápido si Dios hacía la búsqueda. Puse el manuscrito en una caja junto a mi Biblia y le dejé el resto a Dios. Como de costumbre, tomé mi rosario para rezar, pero tomando en cuenta mi nueva vocación, decidí que también debería poner mi oración por escrito. Tomé una pluma y escribí esta carta:

Dios mío:

Gracias por ayudarme a terminar mi manuscrito. Espero que sea lo que Tú tenías en mente. Pero ahora que está terminado, tienes que encontrar alguien que lo imprima y que luego lo ponga en los estantes de Barnes & Noble. En realidad esta historia es más tuya que mía, y espero poder leerla cuando la hayas transformado en un libro.

   Gracias una vez más, Dios mío.
   Tu hija que te ama,

   Immaculée

Puse la carta en un sobre, lo sellé y lo puse en medio del manuscrito. Tres días después, Dios me presentó al hombre que haría que mi libro se publicara.

A través de algunos de mis amigos en la ONU, recibí una invitación para participar en una conferencia sobre espiritualidad, y uno de los talleres se relacionaba con enfrentarse al miedo a la muerte. El instructor dijo a las 200 personas que estaban en la sala que se recostaran en el suelo, se pusieran cómodas, cerraran los ojos e imaginaran a la persona que les gustaría encontrar cuando su espíritu se dirigiera al cielo. Yo de inmediato pensé en mi padre.

A medida que el encargado del taller nos guiaba suavemente para que liberáramos nuestra imaginación, sentí que mi espíritu se elevaba de mi cuerpo y flotaba hacia arriba, a través del techo, al oscuro firmamento, y hacia la luz brillante. Y ahí estaba mi padre, esperándome rodeado de la luz dorada del sol. Se veía más feliz que nunca. Me habló con una voz que resonó en mi mente: *Hola, Immaculée, me alegra que te veas tan feliz y tan bien. Recuerda que siempre estamos contigo; nunca estás sola. Cada oración que haces es escuchada, y todas tus oraciones recibirán respuesta.*

Traté de darle a entender cuánto lo extrañaba, pero mi boca no podía formar palabras. No obstante, no se necesitaban las palabras, pues él sabía todo lo que yo tenía que decir; yo por mi parte podía sentir el amor que él me tenía. Era el cielo.

Entonces escuché otra voz que decía: "Lentamente bajen de nuevo, despréndanse de lo que están sintiendo y bajen de nuevo".

La voz del encargado del taller llegó a mi conciencia desde una gran distancia, llamándome para que dejara la cálida luz de mi padre y regresara al suelo de la sala de conferencias. Todo en mi alma rechazaba ese llamado; yo no quería alejarme de la presencia de mi padre.

¡Papá! Le grité mientras las palabras del encargado del taller me jalaban hacia abajo. ¡Papá! Pero la luz se desvaneció y sentí que alguien me sacudía. Varias personas estaban de rodillas a mi lado, me tomaban por los hombros y me balanceaban. ¡Sal de ello, Immaculée!", dijo alguien. "¿Estás bien?".

Mi piel estaba encendida, todavía cálida por el efecto de la luz, pero logré murmurar: "Estoy bien, estoy bien". Me habría sentido como una tonta si mi corazón no hubiera sido tan feliz. Por unos momentos me sentí mareada por el placer. No entendía lo que estaban diciendo las personas que estaban cerca de mí porque en mi mente cantaban coros.

Estaba con mi papá, pensé feliz, sonriéndoles a las personas que me rodeaban.

"¿Estás segura de que estás bien?", preguntó el instructor. "Este ejercicio puede ser muy intenso, y tú no eres la única que fue lenta al regresar".

"Me siento de maravilla, de mara..." pero antes de que la palabra pudiera salir de mi boca por segunda vez, de pronto me sentí muy mal. Mi estómago se sacudió, mis ojos se llenaron de lágrimas, y lloré tan fuerte que toda la actividad de la sala se detuvo. La luminiscencia de amor que había brillado en mí después de ver a mi padre se había desvanecido a tal grado que me dejó con un sentido de vacío que se podía palpar.

Unas cuantas almas bondadosas me abrazaban y me consolaban, y la tristeza desapareció tan rápidamente como había llegado. Me quedé con el recuerdo de la sonrisa en el rostro de mi padre, y con su promesa de que mis oraciones serían escuchadas. Respiré profundamente y salí para respirar algo de aire fresco.

Al pasar por el vestíbulo noté a un hombre que se veía muy feliz y que estaba ante una mesa firmando libros. Tenía un rostro cálido, abierto, y una sonrisa tan sincera que me sentí atraída hacia él de inmediato. Lo había yo visto varias veces en ese fin de semana, pero yo no sabía su nombre. Supuse que era uno de los conferencistas y que quizás era escritor, lo que explicaba por qué estaba firmando libros.

Lo observé unos minutos y noté que de vez en cuanto dejaba a un lado la pluma y abrazaba a la persona cuyo libro había autografiado. La energía positiva que lo rodeaba me recordó lo que acababa yo de experimentar con mi padre minutos antes. Sin importar quién fuera, yo quería conocerlo. Así que compré un ejemplar de *El poder de la intención* y me formé en la larga fila de personas que lo estaban esperando.

Cuando el Dr. Wayne Dyer tomó mi libro para firmarlo, me sonrió ampliamente y preguntó: "¿Cómo estás, cariño?".

"Ah, estoy bien, Dr. Wayne. Estoy feliz de conocerlo".

"Vaya, ¿qué clase de acento es ése? ¿De dónde eres?"

"Soy de Ruanda".

"¿De Ruanda? ¿En serio?".

Sonreí. Él parecía ansioso de conocerme y mostraba tanto interés en mi país que me sentí especial.

"¿Supiste del genocidio?", continuó.

"Sí, lo supe", le aseguré.

"Lo que sucedió fue terrible. ¿Viste la película *Hotel Ruanda?*".

"Sí, la vi. Tuvo un buen propósito; hizo que la gente estuviera más consciente de lo que nosotros sufrimos".

"¿Así que estabas ahí?".

"Sí". Tuve que reírme, aunque estábamos hablando del holocausto, el entusiasmo de este hombre me fascinaba.

"¿Eres Hutu o Tutsi?".

"Soy Tutsi".

"Ah ¿pero cómo sobreviste?".

Empecé a decirle al Dr. Wayne lo que me había pasado durante el genocidio, pero la gente de la fila se estaba impacientando. Le dije que no quería interrumpirlo en sus actividades.

"¡Espera!" dijo cuando me dispuse para irme. "Estás riendo y sonriendo, pero tuviste una experiencia terrible. ¿Cuál es tu secreto?".

"Ah, no es ningún secreto: Dios me enseñó a perdonar. Es difícil no tener amor en tu corazón cuando Dios se lleva todo el odio".

"Vaya", dijo. Un momento después me preguntó entusiasmado: "¿Alguna vez pensaste en escribir un libro sobre esto?".

"Yo... he escrito algunas cosas...". No quería decirle que hacía poco había terminado el manuscrito porque no quería que pensara que me había acercado a él para pedirle un favor.

"Definitivamente debes contar tu historia; tienes que decirle a la gente por lo que has pasado. Si haces un manuscrito, yo me aseguraré de que se publique".

Creo que tragué saliva, pero sé que no podía pensar en nada que decir. Nuestra conversación había durado uno o dos minutos, y este extraño estaba ofreciendo ayudarme a publicar el manuscrito que él ni siquiera sabía que estaba en mi casa junto a mi Biblia. ¿Estaba Dios jugando conmigo? Mi mente estaba zumbando.

"¡Skye!" exclamó Wayne llamando a su hermosa hija. "Por favor intercambia correos electrónicos con esta señorita. ¡Tenemos mucho de qué hablar con ella!".

Cuando llegué a casa esa noche todavía no podía creer lo que había pasado. Al leer la sobrecubierta de *El poder de la intención*, descubrí que el Dr. Wayne era un orador, motivador y escritor importante, cuyas obras habían sido disfrutadas por millones y millones de personas. Leí su libro de principio a fin, y me dio gusto ver que gran parte de él parecía ser sobre el poder de la oración. Pero a pesar de la gran cantidad de señales de Dios, la duda invadió mis pensamientos. Miré mi manuscrito y luego la dirección de correo electrónico del Dr. Wayne que yo tenía, y luego recordé que muchas veces otros me habían dicho que era muy ingenua.

Es un escritor tan famoso, pensé preocupada, *¿por qué se molestaría con mi pequeño relato? Tal vez estaba tratando de ser amable. Estoy segura de que ni siquiera se va a acordar de mí, así que no voy a pasar la vergüenza de molestarlo a él o a su amable hija. Si lo que me dijo fue en serio, me llamará... Simplemente voy a esperar.*

¿Cuántas veces me había respondido Dios cuando yo le había pedido algo? ¿Con cuánta frecuencia había yo visto ocurrir milagros? ¿Podía yo contar el número de veces que yo les había dicho a las personas que si tenían una fe tan pequeña como una semilla de mostaza, podrían mover montañas? Dios nunca me había desilusionado, pero la duda encontró la manera de escabullirse hacia el interior de mi mente. Esa noche me fui a dormir con la seguridad de que Wayne me había olvidado en cuanto me había alejado de la mesa en la que él estaba firmando libros. Pensé que el hecho de que pasaran varias semanas sin recibir noticias de Skye o de Wayne comprobaba que yo tenía razón.

"Bueno, Dios mío, supongo que todavía no quieres ese libro", dije. Pero Dios no tenía la intención de esperar y me impulsó a ponerme en contacto con Wayne, pues me mandaba sueños recurrentes sobre la ocasión en que siendo niña Jeanette y yo hicimos planes para sembrar un círculo de flores hermosas para invitar a la Virgen María a aparecerse. Pero nunca plantamos las flores, y María se les apareció a otras niñas, en otra aldea de Ruanda. Esos sueños me recordaron que después del incidente con las flores y la Virgen María, yo había prometido que siempre respaldaría mis oraciones con la acción y no sólo me quedaría esperando que Dios dejara caer en mi regazo aquello que yo le había pedido; tenía que poner mi fe en acción. Decidí que le mandaría un correo electrónico a Skye dándole las gracias por haber sido tan amable conmigo y pidiéndole que le diera las gracias a su padre por sus amables palabras. Pulsé el botón de enviar en mi computadora, en las oficinas de las Naciones Unidas, aunque para entonces estaba segura de que yo sólo era un recuerdo olvidado en la activa mente de Wayne y en su tan ocupada vida.

Aunque mi fe había flaqueado ligeramente, la fe de Wayne no había flaqueado en absoluto. Resulta que yo escribí mal mi dirección de correo electrónico cuando se la di a Skye, quien a petición de su padre había intentado ponerse en contacto conmigo. En menos de una hora, recibí una llamada en mi teléfono de la oficina en las Naciones Unidas.

Reconocí la voz de Wayne de inmediato. Lo primero que me dijo fue: "¡No me llamaste!".

"Sr. Wayne, ¡no puedo creer que sea usted! Yo no quería molestarlo. Usted está demasiado ocupado para ocuparse de alguien como yo".

"Immaculée, ¿estarías dispuesta a escribir la historia de la forma en que sobreviviste el genocidio? Siento que debo ayudarte a dar a conocer tu historia al mundo".

Mi corazón dio un salto.

"Bueno, a decir verdad, Dr. Wayne, ya escribí la mayoría de las cosas que ocurrieron, pero mi inglés no es muy bueno y tengo muchas faltas de ortografía, y no creo que la gente se interesaría..." añadí.

"Immaculée, escúchame. Tu libro va a ser un *best seller* del *New York Times*. Tu mensaje va a llegar al mundo".

"¡Pero usted ni siquiera lo ha leído!".

"No tengo que leerlo Puedo escuchar tu historia en tu voz. Si puedes tener tanta alegría después de lo que has vivido, si todavía puedes hablar de Dios después de lo que has visto, entonces este libro va a conmover a la gente. Tus padres han bajado del cielo para ayudarte a contar tu historia, Immaculée, y Dios te permitió seguir viva por una razón. Tus lágrimas van a sanar heridas y tu historia va a llegar al mundo, créeme".

Nadie me había dicho algo que me diera más esperanza, más valor y más fe en mí misma que lo que dijo Wayne Dyer en esa breve llamada telefónica. Sus palabras movieron mi corazón, y su amistad cambió mi vida. Él cumplió su promesa y llevó mi manuscrito a su casa editorial, Hay House. Un poco menos de un año después, *Sobrevivir para contarlo* estaba en las librerías, y unas semanas después llegó a ser un *best seller* del *New York Times*, como Wayne lo había predicho. Antes de saberlo, mi libro se estaba traduciendo a quince idiomas, y me estaban invitando a hablar sobre el poder de Dios para perdonar en muchas partes del mundo.

Wayne había tenido razón cuando dijo que mi historia conmovería a la gente, pero no porque fuera *mi* libro. Este relato sobre Ruanda es una historia que nos pertenece a todos nosotros. No tenemos que vivir un genocidio para conocer las tinieblas en donde nace el asesinato. El odio, la ira, la desconfianza y el miedo entran en nuestra vida todos los días de mil formas distintas. Estos males nos hieren a todos, pero podemos sanar a través del poder del amor y el perdón, un poder que está al alcance de todos nosotros cuando tenemos fe. Ése es mi mensaje en *Sobrevivir para contarlo*, y creo que este mensaje es lo que ha movido a tantas personas.

La fe es algo vivo que debe nutrirse todos los días mediante la oración, la bondad y los actos de amor. Nos llevará a través de nuestros días más oscuros y restaurará el amor y la luz, incluso al alma más atribulada, en las circunstancias más desesperadas. El poder del perdón de Dios ha vuelto a hacerse presente en mi país, la fe está floreciendo donde antes sólo hubo odio y muerte. De hecho, el amor de Dios está haciendo un milagro en Ruanda.

La fe ha transformado mi vida, y puede transformar la tuya. De hecho, es tan poderosa que puede transformar al mundo entero.

Epílogo

El surgimiento de Ruanda

A fines de 2004, diez años después del genocidio, y seis años después de haberme ido a vivir a Estados Unidos, regresé a mi patria para asistir a la boda de mi hermano. Fue unas semanas antes de Navidad y yo sentía como si Dios hubiera envuelto a Ruanda como un regalo y me la estuviera entregando como un don inesperado. Desde el momento en que descendí del avión en Kigali pude sentir un cambio en el aire. Mi país había recuperado su belleza.

Las ruinas de esa ciudad hecha pedazos, en la que yo había vivido después del genocidio, ya no existían. Una nueva Kigali había surgido de sus ruinas; una ciudad que ahora era brillante, moderna, acogedora y que resplandecía bajo la luz del sol. Fue como llegar a un mundo nuevo con una nueva familia que Bryan y yo habíamos formado, dándole a Nikki un maravilloso hermano, Bryan Jr. (a quien afectuosamente llamábamos "B.J.").

Aimable fue por nosotros al aeropuerto con su hermosa prometida, Sauda. Como todos nosotros, Sauda, que era Tutsi, estaba tratando de superar la tragedia. Tenía 18 años cuando los asesinos entraron con violencia en su casa y mataron a su familia a balazos. Una bala le había causado una herida superficial y la habían dejado, pensando que estaba muerta; pero sus padres, hermanos, hermanas, sobrinas y sobrinos habían sido asesinados.

Cuando Sauda volvió en sí después de la masacre, el único miembro de su familia que no había muerto era su hermana Madeline, de 16 años, que había recibido una bala en el pecho. Sauda la llevó a una escuela abandonada y la sostuvo en sus brazos toda la noche. "No permitas que me muera No quiero morir", gemía Madeline, mientras se desangraba en los brazos de Sauda.

"Estoy contigo, Madeline", susurraba Sauda. "No me dejes sola; no podré sobrevivir sin ti". Su hermana le sonrió y luego murió en sus brazos.

Ahora Sauda viajaba en el asiento delantero del coche de mi hermano, estrechando su mano; faltaban dos semanas para la boda y para un futuro que ella pensó que nunca llegaría. Vivía con dolor, pero también con esperanza. Tenía fe en que Dios haría que cada día fuera mejor, y eso fue el principio de su felicidad.

Pasamos por el vecindario donde yo vivía, pero no lo reconocí. Lo que había sido un páramo de escombros carbonizados, cubierto de huesos humanos, ahora era un suburbio con nuevas casas familiares con patios al frente y llenos de niños alegres.

"Tenemos un auge de bebés", comentó Aimable, sonriéndole a Sauda. "Han nacido tantos niños en el último año que están construyendo nuevas clínicas de maternidad".

Mi hermano se había graduado con las mejores calificaciones a nivel doctorado en el país de Senegal. Cuando se mudó a Kigali, vivió algunos años difíciles tratando de sobrevivir, pero poco a poco había desarrollado su práctica profesional como veterinario. Él y Sauda tenían planes para iniciar una nueva familia uno o dos años después de la boda.

"Miren eso", nos dijo en ese momento, señalando un pequeño parque donde una docena de parejas jóvenes jugaban con sus hijos en los columpios. "¡Es el primer parque infantil que se construye en Kigali! Y también están a punto de empezar a construir la primera biblioteca pública en Ruanda".

Llegamos al centro de la ciudad donde hileras de arbolitos recién sembrados bordeaban las calles. Macetones de madera llenos de flores decoraban las intersecciones principales, donde antes había puestos de control militar protegidos con alambre de púas. Noté que las calles estaban más limpias que las de cualquier ciudad que hubiera yo visto antes en África o en Norteamérica.

"Recientemente tuvimos nuestro día mensual de limpieza cívica", explicó Aimable. "Hace varias semanas el gobierno promulgó una ley para mantener limpia la ciudad de Kigali. Prohibió el uso de bolsas de plástico porque estaban contaminando la ciudad, y todos tenían que dejar de trabajar un día a la semana para dedicarse a limpiar la ciudad. ¡Debiste verlo, Immaculée! Médicos, maestros, granjeros, conductores de taxis ¡todos estaban en las calles trabajando juntos, tratado de traer belleza a nuestro país! Todo está cambiando", dijo emocionado.

Mi hermano siempre había sido muy estoico y reservado; cuando éramos niños, tratar de convencerlo para que al menos dijera "buenos días" era un proyecto familiar de todos los días. Pero era obvio que los cambios que estaban ocurriendo en nuestro país estaban llenando de energía a todos los habitantes de Ruanda; todos se sentían orgullosos y querían compartir ese sentimiento.

"¿Y recuerdas lo difícil que era entrar a una buena escuela?", me preguntó Aimable. Cuando asentí, anunció con orgullo: "Bueno, el gobierno está construyendo nuevas universidades en todo el país. Y hay muchas más escuelas primarias, la tasa de alfabetización va al alza y también la economía. La gente ha vuelto a trabajar. Y te dará gusto saber que en la última elección nacional la mitad de las personas elegidas son mujeres. ¡Deberías volver a Ruanda y lanzarte como candidata para el parlamento!

"¿Sabes que las mujeres ganaron casi el 50 por ciento de los escaños en la cámara baja del parlamento? Piénsalo, Immaculée, ¡el 50 por ciento! Eso significa que la pequeña Ruanda era líder entre todos los países del mundo por el número de mujeres elegidas para el parlamento! ¡Estamos haciendo historia!", gritó mi hermano emocionado, y miró con esfuerzo hacia el asiento trasero donde yo estaba sentada; su rostro reflejaba el orgullo que sentía.

"¡Por lo que más quieras, Aimable, mantén los ojos en el camino!".

Yo estaba orgullosa del progreso de las mujeres en Ruanda, y estaba orgullosa de mi país. Pero como le dije a mi hermano "¿Quién sabe?... tal vez regresaré aquí algún día, pero nunca, nunca lanzaría mi candidatura para ser parte del parlamento. Hay que dejar ese trabajo a los políticos; a mí sólo me interesa hacer el trabajo de Dios. Además, creo que el país tiene un excelente gobierno".

Paul Kagame fue elegido presidente oficialmente en las elecciones del año 2000, y estaba haciendo un excelente trabajo. Recordé cómo todos nosotros, los Tutsis, habíamos puesto nuestra esperanza en él y en su ejército rebelde para que acabaran con el genocidio. Y lo hicieron, había expulsado o destruido a los asesinos del *Interahamwe* y había acabado con la amenaza de los insurgentes. Muchos Hutus que habían sido soldados habían sido repatriados en forma pacífica, y la presencia militar en Kigali era más un símbolo de paz y seguridad, que un reflejo de la guerra. La política oficial del gobierno buscaba la reconciliación, no la venganza. Al pasar por los nuevos vecindarios hermosos, bendije al Presidente Kagame por lo que había hecho para lograr la magnífica victoria que Dios nos había ayudado a lograr.

Desafortunadamente, aunque se habían llevado a cabo más de 6 000 juicios por genocidio en Ruanda, más de 100 000 Hutus estaban todavía en prisión, esperando un juicio. Eran tantos que representaban una amenaza que podía paralizar el sistema de justicia y hacer que los juicios se extendieran indefinidamente a lo largo de generaciones, así que el gobierno reinstituyó un sistema tradicional de justicia conocido como "gacaca". *Gacaca* significa "en la hierba", y este nombre describe el procedimiento de los tribunales comunitarios que se llevan a cabo al aire libre, en áreas abiertas cercanas a las aldeas. Las personas acusadas de asesinato son llevadas a sus comunidades para que se encaren con sus victimas o con los familiares de sus víctimas.

Yo nunca podría asistir a un *gacaca*, pero mis tías decían que eran terapéuticos y asistían a varios cada mes. Como explicaba Jeanne: "Necesito escuchar los detalles, Immaculée. Necesito saber cómo fueron asesinados mis hijos para poder dejar de hacerme preguntas al respecto y pueda dejar atrás ese sufrimiento. Y tengo que escuchar a los asesinos pedir perdón".

"Es una buena forma de justicia", insistía, "y es justicia que nosotros las víctimas ejercemos. Si las personas que están presentes en el *gacaca* no creen que lo que el asesino dice es verdad o si no creen que sea sincero al pedir perdón, lo mandan de regreso a la cárcel. Si nos convence de su sinceridad, entonces le permitimos volver a la comunidad. Los peores criminales todavía no se han presentado ante un tribunal, y los que organizaron el genocidio son enviados a un tribunal internacional, pero nuestros vecinos que se armaron con machetes tienen que responder ante nosotros".

Visité a muchos de mis viejos amigos a lo largo de las dos semanas siguientes. Cuando fui al Centro Christus para decir una oración en el cuartito que me trajo tanta paz, me encontré con mi primo Ganza, que ahora estudiaba tiempo completo en la orden jesuita. Nos sentamos en la misma banca del jardín donde hacía años habíamos hablado de la importancia de la nueva generación de clérigos en Ruanda para reconstruir la fe de nuestro país.

"Está sucediendo", me prometió mi primo. "Está sucediendo en todo el país. Nunca pensé que lo vería, pero Dios está realizando un milagro de perdón. Los Tutsis y los Hutus están trabajando juntos, llegan como voluntarios a ofrecer su tiempo y su dinero para construir nuevas capillas e iglesias. Protestantes, católicos, episcopalianos, personas de todas las religiones se están acercando a Dios. La asistencia a las iglesias es más alta de lo que ha sido en años. Cristo ha venido a Ruanda y hay alegría en el corazón de la gente. Puedes escucharla en sus voces cuando cantan los domingos por la mañana. ¡Puedes escuchar al Espíritu Santo en sus cantos!".

Sonrió y añadió: "Tenías razón Immaculée; todo empieza con el perdón. Las personas se abren unas a otras y hablan con menos enojo y sospecha sobre lo que pasó. Los asesinos regresan de la cárcel y les piden perdón a sus víctimas; les ruegan que los perdonen. Y a menudo he sido testigo de la forma en que se otorga ese perdón. Tardará mucho tiempo, pero la gente está sanando".

Como siempre, los niños en el orfanato de la Madre Teresa llenaron mi corazón con su calidez y su amor. Después de seis años, muchos de los niños y niñas que yo conocí ya se habían ido y había otros niños nuevos que ahora tomaban su lugar, pero los sentimientos son los mismos. Aimable, Nikki y B.J. me acompañaron en la visita y llevamos suficiente comida y bebida para satisfacer el gran apetito de 200 niños. Nuestra fiesta navideña continuó hasta que todos los huérfanos se habían ido a la cama con un regalo que ellos habían seleccionado de la gran caja del tesoro que llevamos desde Estados Unidos.

Mis propios hijos pudieron ver la casa de mi infancia en Mataba y el panorama del lago Kivu con el que yo había crecido. B.J. y Nikki eran demasiado chicos para entender por qué lloraba yo cuando me arrodillé frente a las tumbas de su abuela y de su tío, pero sabían que mis lágrimas eran de gozo. Mi familia del cielo cuidaba a mi familia de la tierra.

Finalmente, llevé a mis hijos a conocer al Pastor Murinzi. Yo no lo había visto desde el día en que él me pidió que me fuera de su casa hacía seis años, pero cuando me vio acercarme a su puerta, empezó a llorar.

"¡Hija!", exclamó. Después de ver a Nikki y a B.J. susurró: "Hija y madre". Nos abrazamos y todo se perdonó. Mientras el Pastor entretenía a los niños, fui al baño que había sido mi escondite hacía diez años. Me quedé ahí sola, cerré la puerta, cerré los ojos y le di gracias a Dios por todo lo que había pasado en mi vida.

ASISTIERON MÁS DE 500 PERSONAS A LA BODA DE MI HERMANO. Tuvimos un espíritu tan feliz y ligero que yo estaba segura de que mamá, papá, Damascene y Vianney habían llegado sin que nadie se diera cuenta y estaban susurrando bendiciones al interior de nuestro corazón.

La fiesta continuó hasta altas horas de la noche, y hubo un momento en que me quedé de pie sobre una colina desde donde se veía la ciudad de Kigali, como lo había yo hecho tantas veces a lo largo de los años. Mi primo Ganza me había dicho que la gente estaba sanando en Ruanda, que la fe se estaba restaurando. Me dijo que Dios estaba haciendo un milagro de perdón en nuestro país. Al contemplar las luces de la ciudad, supe que este milagro inspiraría a todo el mundo. Si la maldad que se había desatado aquí pudo conquistarse con el amor, ¿donde no podría conquistarse? Si los corazones de Ruanda pudieron sanar a través del perdón, ¿qué corazón podría no sanar?

El sol se ocultó en el horizonte, sus últimos rayos iluminaron las cumbres de mil colinas. Era suficiente luz para que todo el mundo pudiera ver a Ruanda levantándose de las cenizas del genocidio.

Agradecimientos

En primer lugar, debo dar gracias a Dios Todopoderoso por todas sus bendiciones. ¿Qué he hecho para merecer ser llamada tu Hija y recibir Tu amor? Por mi parte, yo te amo con toda la capacidad de amar que poseo.

A la Virgen María: Siempre te daré las gracias por haber venido a darnos un mensaje en Kibeho. Aunque no seguimos tus consejos, nos aseguraste que tu hijo, Jesús, nos seguiría amando.

Quiero darle las gracias a mi maravilloso coautor, Steve Erwin: Gracias por compartir mi dolor y por prestarme las palabras para expresar los sentimientos de mi corazón, primero en *Sobrevivir para contarlo* y ahora en *Guiada por la fe*. También quiero expresar mi gratitud a su maravillosa esposa, Natasha, que me brindó tanto apoyo.

Gracias a Reid Tracy, presidente y CEO de Hay House, gracias por su fe, su integridad y su constante apoyo, y también por encontrar lectores para mis libros. También quiero expresar mi gratitud a Jill Kramer y a todos los dedicados miembros del personal que trabajaron con tanto ahínco en mis libros.

A Suze Orman y a Christine Northrup, muchas gracias a ambas por guiar a tantas mujeres y por todo el amor y apoyo que me dieron. Siento una gratitud eterna por toda su ayuda.

A Rick Warren, gracias por el ánimo y la fe que me diste, y por las buenas obras que haces en Ruanda y en todo el mundo.

Muchas bendiciones a Amy Polaski por su profunda fe, su verdadera amistad y su dedicado esfuerzo para traer más amor, paz y bondad al mundo.

Quiero expresar mi gratitud a mi buen amigo Tim Van Damme por apoyarme en esta misión y por dar a conocer el mensaje de *Nuestra Señora de Kibeho*.

A todos mis amigos y familiares que me apoyaron con su amor, y que en tantas formas me dieron el valor para terminar este libro; que Dios los bendiga a todos; los quiero mucho a todos y cada uno.

Y finalmente, quiero dar las gracias a la gente de Ruanda, cuya valentía, buena disposición para perdonar, y fe en Dios, siguen inspirándome y pronto inspirarán a todo el mundo.

—Immaculée

Immaculée, gracias por tu constante confianza en mí para escribir tu inspiradora historia. Tu amor a Dios y tu fe en la bondad del hombre han tocado mi corazón; tú enriqueces la vida de todos nosotros.

Muchísimas gracias a Jill Kramer de Hay House por su constante profesionalismo y su implacable paciencia. Muchas gracias también a Reid Tracy, Shannon Littrell, Christy Salinas, Stacy Smith y todos mis amigos de Hay House.

Gracias a Faith Farthing de FinalEyes Communications; gracias por tus observaciones y tu gran atención a los detalles.

Mi corazón y todo lo que hay en él agradece a mi talentosa esposa, Natasha Stoynoff, cuya sonrisa nunca deja de iluminar mi vida, de hacerme reír y de elevar mi espíritu; gracias por todo. Y a ti, Tatko, gracias por los perfectamente bien preparados tés en Dell Park, por enseñarme a amar a Dickens y a defenderme de un derechazo. Una nota especial de gratitud a mis padres, Isobel y Jim, por toda una vida de amor y apoyo. Y por supuesto, gracias a mi cariñosa hermana a quien adoro, la Dra. Lorna Erwin, y a mis tres maravillosos hermanos, Blake, Doug y Big Davey.

Y finalmente, mi más profundo agradecimiento a Stephen Longstaff. Eres mi hermano en muchas formas; eres mi maestro, mi mentor y mi muy querido amigo.

—Steve Erwin

Los autores

Immaculée Ilibagiza nació en Ruanda y estudió ingeniería electrónica y mecánica en la Universidad Nacional. Perdió a la mayor parte de su familia durante el genocidio de 1994. Cuatro años más tarde emigró a Estados Unidos y pronto empezó a trabajar en las Naciones Unidas, en la ciudad de Nueva York. Ahora se dedica tiempo completo a hacer presentaciones públicas y a escribir. En 2007 estableció el Left to Tell Charitable Fund, para ayudar a sostener a los huérfanos de Ruanda.

Immaculée tiene doctorados honorarios en la Universidad de Notre Dame y en la Universidad de Saint John. Y se le otorgó el Premio Internacional Mahatma Gandhi por la Reconciliación y la Paz en 2007. Es autora, junto con Steve Erwin de *Sobrevivir para contarlo. El holocausto de Ruanda.*

Steve Erwin es un escritor nacido en Toronto y un reconocido periodista que trabaja en medios editoriales y en medios de comunicación masiva. Más recientemente, fue corresponsal en Nueva York para la Canadian Broadcasting Corporation. Fue coautor de *Sobrevivir para contarlo*, un *best seller* de *The New York Times*. Vive en Manhattan con su esposa, la periodista y autora Natasha Stoynoff.

TÍTULOS DE ESTA COLECCIÓN

Impreso en los talleres de
MUJICA IMPRESOR, S.A. de C.V
Calle camelia No. 4, Col. El Manto
Deleg. Iztapalapa, México, D.F.
Tel: 5686-3101.